媽媽俯下身，走進孩子的世界

過濾原生家庭的教養複製，別成為你討厭的那種父母

王冰——著

曾經
我以為當母親是件很容易的事情
直到有一天成為母親才發現……

教育孩子是一條單行道，沒有任何演習過程
我們只能在學習中感悟，在摸索中前進

崧燁文化

目錄

目錄

第二章　開啟孩子最能接受的溝通方式

第三章　與孩子一起面對挫折

第四章　孩子的學習需要幫助

目錄

前言

前言

曾有專家說，培養一個孩子需要二十四年的時間，這期間包括了孩子的童年與少年時代，也包括孩子成年之後的最初階段。二十四年，是一個多麼漫長的過程，這其中參雜著的艱辛、喜悅、痛苦、操心和感慨實在太多太多。

曾經，我以為當母親是一件很容易的事情，直到自己做了媽媽才發現，做媽媽確實是件容易的事情，但是若想做一個好媽媽，卻並不容易。據說，是不是個好媽媽，一道題就能檢測出來。假設有一天，妳帶著孩子買菜回家，孩子在路邊看到一隻正在晒太陽的貓咪，於是好奇的孩子走過去，並忍不住對妳說：「媽媽，這隻貓咪好可愛！」

此時妳會怎麼做呢？

A「是呀，還真是可愛呢！」

B「你作業寫完沒有？」

C「離牠遠一點，有人因為被貓抓傷，得了狂犬病死了。」

前言

D一聲不吭，直接拉著孩子回家。

同樣一個場景，不同的媽媽做法卻不同。選擇A的媽媽通常跟孩子的關係很融洽，因為她能夠關心孩子，並認可孩子的行為，因此能夠令孩子感受到溫暖和幸福。選擇B的媽媽常常會讓孩子感到掃興和無趣，有時候甚至覺得反感，因為孩子感受不到媽媽的關心，也無法與媽媽溝通。選擇C的媽媽會讓孩子感到痛苦，因為孩子的情感總是被這樣的媽媽漠視和扭曲，整個家庭的氛圍也會因為這樣的媽媽而倍顯壓抑。選擇D的媽媽會讓孩子的內心感覺到失落，因為自己與媽媽的交流總是得不到媽媽的回應，漸漸的，孩子心就會越來越冷漠，最終對母愛感到絕望。

兒子出生後，我花了很多精力陪伴他成長。起初我是那個B型的媽媽，總認為為了孩子好，就要時時刻刻管著他，不讓他的人生出任何差錯，這樣才是負責任的媽媽。但是後來我發現，這樣的我，不但自己不快樂，孩子也不喜歡。一個孩子不喜歡的媽媽，即便自認為自己正確無比，也不能稱之為一個好媽媽。

雖然在這條育兒道路上我走得也並不平坦，但是當我看到快樂並健康成長的兒子時，就覺得一切都是值得的。我從一個不了解孩子、不懂得如何與孩子溝通、不知道如何處理與孩子之間的關係、不知道怎樣控制自己情緒的新手媽媽，成長為一個能夠與孩子一起成長、能夠與孩子面對面促膝長談、能夠與孩子一起笑對挫折、能夠與孩子和諧相處、能夠及時將自己的負面情緒扼殺在搖籃裡的成熟媽媽，這其中的辛酸苦辣和幸福快樂，只有真實經歷過的媽媽才能夠體會得到。

在多年的育兒教育工作中，我見過許許多多的家長，也見過許許多多的孩子。這些媽媽無一例外的都在為孩子的事情擔憂，一方面深深愛著孩子，另一方面又因為孩子的不聽話、不讀書等困惑著，她們不知道該怎樣去教育孩子，在與孩子相處的過程中，孩子很累，做媽媽的更累。這也讓我看清了一個現實，那就是天下沒有不愛孩子的媽媽。但愛，是解藥，也是毒藥，用對了愛的方法，我們就能收獲一個親密的、不叛逆的孩子，而一旦用錯了愛的方法，那等待我們的將是一場艱苦的修行。

正是認識到了這一點，我想透過我自身的實際經歷，以及我從事教育工作多年來所見證過的真實案例，來告訴每一個愛孩子的媽媽，怎樣做我

前言

們才能用好的方法去愛孩子。這本書既是一本育兒書，也是一本媽媽們的自我修練手冊。教育孩子，是一條單行道，沒有任何演習的過程，我們只能在學習中感悟，在摸索中前進。在這條路上，我們首先要將自己修練好，掌握了愛的好方法，我們才能給孩子一個快樂美好的童年。

第一章　讀懂孩子，和孩子一起成長

站在孩子的角度看世界

每個人的童年似乎都有被父母、老師及其他長輩親友「曲解」的經驗，我也是如此，記憶中，童年時期的我，自己的意見很少被大人們所關注和接受，他們多以過來人的角度「友善」的指導著我的言行舉止以達到「合格」標準。

若不是有過幾番震撼內心的經歷，可能今日的我也必定如自己的父母們一樣，以自己的角度再次衡量、規劃著自己孩子的每一言行是否達到我所認為正確的角度和標準。

那是幾年前的一個深冬的夜裡，我隨著稀疏的人流從火車上走下來。走到出口的鐵門處，聽見刺耳的孩童哭鬧聲從前方傳來，在這個安靜的冬夜，那哭聲聽起來格外清晰。我與其他乘客好奇的循著聲音張望著。

長長的走廊上，一個鬧情緒的五歲男孩正不可理喻的趴在地上又哭又鬧，兩腳亂踢，雙手亂抓。此時，等候接人的十幾個人以及一些計程車司機圍在孩子附近，看著孩子旁邊那個年輕母親如何處理。

我也和一起下車的幾個乘客一樣，從出口出來後，就被這樣的情形吸引住了。

這個年輕的母親沒有制止孩子的哭鬧，她將挽在右手上的一個休閒提包放在身旁，先輕輕的彎下腰，接著也跟孩子一樣，一屁股坐在冰涼的水泥地上。孩子的哭鬧此時似乎越來越激烈，沒有停下來的意思。母親轉換身體的角度，也全身趴在水泥地上，與孩子的身體平行一致，頭部對著孩子的頭部看著他。

此時，圍觀的人都被這個情景所吸引，沒人知道母親到底要做什麼，他們是否只是一對亂發神經的母子倆。我裹緊外套，猜測著他們是否是在做行騙之類的把戲。

小男孩從激烈的情緒中抽離出來，也用眼睛看著媽媽的眼睛，他們的頭緊挨著頭，鼻尖觸著鼻尖。幾分鐘後，小男孩一個翻身，從地上爬起來，年輕的母親也跟著站了起來。母親彎腰拎起包，用手觸摸了幾下孩子的頭髮，手牽手，一起走出走廊。

我隨著這對母子一起往走廊外走，走廊外，孩子掙脫母親的手，飛快的向廣場跑去。遠處，一身鐵路制服的年輕男子正微笑著張開雙臂等待這個男孩。

原來，他們不是耍手段的騙子，那一刻，我頓感羞愧，不僅為自己對人家惡意揣摩的小人之心，也為不能親眼所見的從頭到尾，對孩子不發一句訓斥的無聲教育所震撼。那一刻，我相信，這個母親是真正讀懂孩子內心的人，能夠從孩子的情緒出發尋求共鳴，然後進行心靈溝通，這才是最有效的教育和最偉大的愛，它隔離了水泥地的冰冷、冬夜的寒風、言語的斥責和憤怒的體罰。我開始反思自己，在成為母親後，有多少次可以俯下身來，站在孩子的角度感受孩子的情緒？若很少甚至是沒有，對於孩子的成長，我到底是在破壞，還是只是在麻木輪迴原生家庭於我的基因複製？

身為孩子的母親，也身為幼教工作者，那個寒冷的冬夜讓我對幼兒教育充滿了敬畏。我想，只有讀懂孩子，才能伴隨、引導孩子成長。之後的生活和教育環節中，值得我反省的事情也接連的發生。

每個週末，是我舉辦週訓練營的時間，在我的以幼稚園大班和小學一、二年級孩子為主的週訓練營中，會有目的的設置主題，然後透過不同方式讓孩子積極參與的形式，達成培育目的。

在一次口才培訓的活動中，有個叫志彬的小學一年級男孩因為平常就表現出少有的那份童真，我有意透過他來帶動其他小朋友的積極參與性。果然，前幾期的活動如我所料一直掌控的很好，很多孩子也和志彬一樣，逐步擺脫了常規的那種模仿痕跡，越來越能即時即景的脫口表達自己的內心感受。

臨近兒童節，我計劃給志彬準備一個《被同伴驅逐的蝙蝠》的故事，讓他到各個社區的各類兒童節活動上去表演。沒想到，任務剛剛分配下去的那天，志彬的媽媽就打電話給我，說孩子很委屈，因為他從小到大從來沒看過蝙蝠到底是什麼樣子，所以他怎麼發揮也不滿意。這個電話讓我忽然發現自己犯了很大的一個錯誤，我是在用自己的成人經驗來理解故事並要求孩子將我的理解表現出來，但這顯然忽視了孩子對事物的理解和經驗。

於是，我開始收集整理一些關於蝙蝠的影音資料，和志彬一起去認識蝙蝠的特性。果然，經過了這樣的準備，志彬的兒童節演出獲得了很好的反響，甚至帶動了更多孩子來學習口才訓練。

有了這樣的經驗，我對於自己孩子也會有意識的避免犯同樣的錯誤。孩子在社區的繪畫班學習繪畫，我對她將河水與天空塗成五顏六色不再焦慮，逛街時，她描述櫥窗裡看到的那些「柱子」其實是我眼中的一些塑膠模特兒的腿。果然，生活中的很多場景對孩子來說觀察的角度不同，繪畫表達的方式也自然不同，孩子會從我們成人難以想像的多元角度觀察這個世界，而這恰恰是我們一貫對孩子憤怒、失望的問題所在。

也許，儘管對孩子的教育不是為他做一頓可口的飯菜那麼簡單，但若嘗試著了解孩子，站在孩子的立場來看問題，就能幫助孩子成長的過程中不斷累積經驗、減少摩擦和困難。身為媽媽，一定要記得，妳的孩子也許完全錯了，但他自己卻並不會這麼認為。不要急於責備他。聰明、容忍、特別的——懂孩子心理的媽媽，首先要做的，是去嘗試先讀懂他。

以自己的童心呵護孩子的童心

兒子最近迷上了游泳，每到星期天就央求我帶他去游泳池游泳。對於兒子這一喜好，我是很高興的，因為游泳不僅能鍛鍊身體，而且還能磨練意志，所以每個星期天，我會盡量抽出半天或一天時間陪兒子去游泳。

一個星期天，我照例帶著兒子去了游泳池。下水沒游幾圈後，我就感覺體力被耗盡，只好坐在泳池邊休息，一邊用雙腳拍打著水面，一邊看著不遠處游得正歡快的兒子。在我的教授下，兒子早早的就學會了蝶泳、蛙泳、仰泳等。我自幼在鄉下長大，成天和一幫小男孩玩在一起，我們夏天喜歡一起去一條小河裡游泳、打水仗。

儘管父母親怕我出意外，一再三令五申的不允許我去游泳，但是每當小玩伴們在大門外用各種暗號來呼喚我的時候，我馬上就會忘記父母親的叮囑和告誡，偷偷溜出去與小玩伴們會合。也就是那個時候，我無師自通的學會了不同的泳姿，而且這種技術至今沒有生疏，只要一下水，馬上就能暢游起來。

「媽媽，妳怎麼不游了？」兒子發現我不在泳池裡，馬上游過來詢問。

我看著他說：「媽媽有點累了，等我休息一會兒，然後再陪你一起游，好嗎？」

「一會兒我還要跟妳比賽呢！」兒子抹了抹臉上水珠說，「可不能偷懶噢！」說著便游走了。

這時，坐在我旁邊的女士也下水開始游了起來。她明顯是一個游泳初學者，身體僵硬，在水中撲騰了好久，都沒能游出多遠，再加上她的身體有點胖，整個動作看起來有些滑稽。我差點笑出聲來，不過考慮到這樣會傷害到她的自尊，我還是強行忍住了。

看她游得那麼費力，我骨子裡的好為人師的本性就開始顯露。我跳到水中，游到她身邊對她說：「妳游泳的時候，雙手的手指要併攏，這樣才能划得動水。而且，光用手划水還不夠，妳還要用腿來配合。」說著，我給她做了一個示範。

她按照我的建議試著游了一遍，果然有了很大的進步。她朝我揮揮手說：「妳真厲害，簡簡單單幾句話就幫我掌握了游泳竅門。為了兒子，我一定要學會游泳！」

我好奇的問道：「為什麼是為了妳的兒子？」

她一邊按照我剛才教的方法練習泳姿，一邊回答我說：「我兒子今年十歲了，為了讓他有一個美好的童年，我經常陪他一起玩。春天，我們一起去郊遊踏青、種花；夏天，我們一起去野外捉蜻蜓和蝴蝶；秋天，我們會一起到鄉下採摘各種果實；冬天，我們會堆雪人、打雪仗。另外，以前我還和兒子玩過捉迷藏、吹泡泡等多種遊戲，唯獨游泳，我練習了很久，還是不能熟練掌握。」

我十分佩服這個媽媽，她之所以能夠付出極大的耐心陪孩子玩，一方面是出於愛，另一方面也是她的童心未泯。我想，等她的兒子以後長大成人，再回想童年時期媽媽用一顆童心的呵護他成長，那該是多麼一件美妙的事情啊！著名畫家豐子愷老公曾在說過：「我相信一個人的童心千萬不可以失去。大家不失去童心的話，則家庭、社會、國家、世界一定溫暖、和平和幸福。所以我情願做『老兒童』，讓別人去奇怪吧！」

豐子愷先生是這麼說的，也是這麼做的。為了讓孩子盡快入睡，他每天都會為孩子哼唱一些歌曲；為了逗心情不好的孩子高興，他會即興畫一些滑稽的畫；有時候，他還會和孩子們一起用積木搭高樓，把小板凳擺成一排玩搭火車的遊戲，甚至有的時候他還會和孩子搶著閱讀雜誌，和孩子們一起討論裡面的問題，研究裡面各種遊戲的玩法……

對於家長來說，「童心未泯」是愛心的最大流露，它能有效的拉近與孩子之間的距離，從而博得孩子的信任和喜愛，最後便能達到教育孩子的目的；而對於孩子來說，童心一旦遭到破壞，就等於是在扼殺他心中的美好以及創造力，他的童年將會是一片灰暗。

記得每年離聖誕節越來越近的時候，兒子每天都會翻看日曆，然後數著指頭為迎接平安夜倒計時。我當然知道兒子的熱切是為了得到聖誕老人送的禮物。從兒子一歲開始，每年的聖誕節，我和老公都會精心的為他準備一份禮物。第二天當兒子睜開眼睛後，總能馬上看到他心儀已久的禮物，他所表現出的那種快樂和滿足融化了我的心。當然他也從未懷疑過這個世界上存在聖誕老人的真實性，他認為這個聖誕老人是這個世界上最懂他的人。

不過幾年前，就在聖誕節快要來臨的某天，兒子從幼稚園放學回來後，有些悶悶不樂的問我：「媽媽，很多同學都跟我說，這個世界上根本就沒有聖誕老人。我每年聖誕節收到的禮物都是媽媽提前買好的，是嗎？」

兒子的這個問題讓我陷入了為難。如果告訴他真相，豈不是破壞他心中嚮往的美好呢？如果不告訴他，我又該用什麼方式來對這個美麗的謊言自圓其說呢？思來想去，我決定不論用什麼方法一定要讓兒子相信這個世界上是確實存在著聖誕老人的。於是，我拿出故事書《北極特快車》，讓兒子坐到身邊，然後一頁頁的翻看，並堅定的告訴他：「只要你相信聖誕老人存在，聖誕老人就一定會準時把禮物送給你的。」

聽了我的話，兒子似乎還是有些半信半疑。或許會有人認為，我做到這步已經很好了，孩子如果再不相信，大可將真相告訴他，反正早晚他都會知道這個祕密的。但我卻不這麼想，是的，隨著孩子年齡的增長，他自然會知道這個祕密。可是在孩子最愛幻想的童年時期，如果過早的把這個祕密告訴他，豈不是很殘酷？對於孩子來說，多一份期盼就等於多了一份童真。

我悄悄的讓老公下載了電影《北極特快車》，並告訴兒子，過一會兒我會拿出最有力的證據來證明聖誕老人是存在的。

晚飯後，電影下載完成，我們一家三口坐在電腦前開始觀看《北極特快車》。雖然剛才我跟兒子已經講過了這個故事，但收效甚微，兒子半信半疑。而現在電影精緻的畫面，動人的故事情節，不僅讓兒子深陷其中，就連我和老公也頗有感觸。

電影結束後，還沒等我詢問，兒子就堅定對我說：「媽媽，不論同學們怎麼說，我認為這個世界上真的有聖誕老人，只要相信他存在，我依然會要以前一樣收到他送的禮物。」

聽了兒子的回答，我總算放心下來了，我相信，對於兒子來說，對聖誕禮物期盼的美好將會延續他整個童年。

這時，已經游了好幾圈的兒子再次游到我身邊，催促著我跟他比賽。我向他介紹了剛剛認識的那位媽媽，並建議我們三人一起比賽，兒子愉快的答應了。真是一個美妙的週末！

做孩子最好的「玩伴」

一個小女孩領到了模範生的獎狀，迫不及待的想把這個喜訊告訴爸爸，但是，孩子等了好久，就是不見爸爸的蹤影。只要一聽到電話和汽車喇叭聲，小女孩就會跑到窗口看看，是否是爸爸回來了。可是，已經夜深了，媽媽勸小女孩別等了，可是她還固執的等著。終於想睡得受不了了，女孩睡下了，可是在睡夢中，女孩還在喃喃念著爸爸。一覺驚醒，她高喊著「爸爸」衝出門外，連鞋都顧不上穿，結果，仍是不見爸爸。模範生的獎狀飄落在地上。

有時間多陪陪孩子！

當然，爸爸似乎一直都很忙，但媽媽呢，媽媽也一樣忙得和爸爸一樣沒有時間陪孩子，和孩子一起玩耍嗎？說到底，孩子的幼兒期成長階段中，媽媽在時間和精力上通常需要比爸爸更大的付出，所以，現實一點來說，媽媽要更多的承擔起這個無法替代的角色來，抽出時間抱一抱、親一親自己的寶貝，讓孩子感受到愛的激勵和家的溫暖。

我常聽我的媽媽說我曾經有段時間在外婆家度假，由於太久沒有看到媽媽，就每天問外婆：如果我生病了，媽媽是否就可以來接我回家了？

自己童年時期會如此想，自己的孩子難道不會如此嗎？我們總認為養育孩子「來日方長」，但算這個「來日」，也不過短短的二十幾年，再去掉讀書在外的時間，可以和孩子相處的時間少之又少。

莫霏是我的大學同學，她是某公司的市場部經理，前幾天說好了要陪十歲的兒子出去玩一天，但因為工作一直很忙，實在是無法抽身，只好抽空到大賣場給兒子買輛模型汽車做為補償。「業務多，平常應酬少不了，只好犧牲小孩子了。小孩子嘛，買個禮物哄他高興就好了，這也是沒辦法的事。」莫霏說。

幾天後，莫霏自己做主給孩子買的模型汽車居然安靜的擱置在客廳的一角，這讓她大感不解。她問孩子：「那麼多小朋友喜歡玩汽車，你怎麼會不喜歡呢？」

孩子回答道：「媽媽，我們家的社區的路面不好，小朋友又多，我根本不想和他們擠在一起玩汽車，我只想去公園那裡玩溜滑梯。」

那一刻，莫霏忽然意識到，自己似乎一直都沒過多的關注過孩子的真正成長需求，只是自以為是的把自己所認為孩子的所需塞給孩子，這實在讓她心生慚愧。事實上，莫霏還有一點不知道的是，那些看似精美的各種益智玩具、高科技玩具，無法取代自己對孩子的陪伴，自己才是孩子最好的玩伴，最好的「玩具」。對於孩子來說，如果能有人在身邊陪同玩耍，比一個價值昂貴的玩具更有誘惑力。

兒子九個月時，我給他買了好多玩具，有磨牙玩具、布書等等，買回這些玩具的目的就是要開發寶寶的智力和動手能力，並想藉此吸引寶寶的注意力，讓我可以輕鬆一些。

但慢慢的，我發現兒子對玩具的興趣一般保持在十分鐘左右，再長一點，他就不願意再玩了，除非我把他抱起來，或是陪他一起玩才行。有時候即使我陪著他一起玩玩具，可是過不了多長時間，他就會表現得「心不在焉」，沒多久就會把眼睛轉向我。

但是當我把他當「玩具」，和他一起嘻鬧時，兒子則顯然更高興。甚至我只需要一個眼神、一個親吻或者一個笑臉，兒子就會咯咯大笑，更不用說動撓他癢癢、和他玩「飛高高」等遊戲了。

從兒子的反應中，我意識到，也許他並不需要太多的玩具，而我則是他最好的「玩具」，即使有著很多的玩具，他也需要我這樣的「同伴」一起玩，才更有趣！

如此小的寶寶就知道「黏」著媽媽玩，而對於認知能力較高的一些稍微大一點的孩子，其內心對和媽媽一起玩耍的期盼必然更加強烈。所以，我開始告訴我的姐妹淘們，要適當的放慢自己的「腳步」，多和寶寶一起玩耍，扮家家酒、搭積木比賽等等，在這樣的玩耍中，讀懂孩子並和孩子一起成長，則更有利於孩子的身心健康。

心理學家指出，一天中與父母親接觸不少於兩小時的孩子，比那些一週內接觸不到六小時者的智商較高。所以，如果夫妻間一方沒有時間空檔，另一方則必須要多抽時間和孩子陪伴玩耍。當然，玩耍也是一個能力，需要用心修練才能達到爐火純青之境界。

關於這個經驗，我的做法是，用心嘗試在日常交流中多和孩子進行遊戲的溝通方式。比如讓老公配合，讓他下班回家，進門前可以跟孩子說：「大灰狼來了，小兔子開開門！」孩子聽到大人的「引導」，會很快的「入戲」，跟大人演一段當作遊戲！

妳也可以多發揮自己的聰明才智，利用家中的廢棄物：一個大紙箱、一大片舊布、一個空塑膠瓶等，都可以變成和孩子玩的寶貝，在親子玩耍中創造出各種不可思議的神奇效果來。例如，紙箱變「投籃」，舊布變雲彩、巫婆斗篷，塑膠瓶變保齡球等等……當然，戶外活動對孩子來說，也是不可缺少的。你可以抽時間和孩子一起到大自然中玩耍，讓孩子接觸到更多的花草樹木，為孩子創造了更多玩耍學習的機會與空間。

所以，從現在起，你要主動創造一些家庭的快樂時光和孩子一起玩耍，這有助於孩子的情緒平和、學習優秀……尤其是，這種玩耍是親子良好溝通的催化劑，能給孩子的成長帶來深遠的影響，當然，說服妳的老公，讓他在這樣的遊戲陪伴中也能參與一部分角色和時間進來，效果自然事半功倍。

妳的需求未必是孩子的希望

我坐在莫霏家那張寬大的沙發中，卻不再像往常一樣幾乎是整個人深陷在沙發中，我直著身體，兩眼盯著手中的一張學習功課表，上面寫著英語、書法、鋼琴、跆拳道、主持、相聲課程。這是一個八歲孩子每個週末需要學習的課程，它幾乎占滿了孩子的所有休息、玩耍的時間，別說一個孩子，就是一個大人也難以承受這麼多課程所帶來的壓力。

「看完了嗎？」坐在我對面的張玲單刀直入的說，「這是我認為培養一個男孩各方面素養的最佳課程。」

張玲是莫霏的好朋友，據莫霏說她是一所大學的教授。半個小時之前，她毫無徵兆的來拜訪，簡單的寒暄後，我無論如何也不能把眼前的精明強幹、說話直爽的她與大學教授的身分聯想起來。

當張玲得知我是一名幼教工作者後，突然像情緒失控了一般，開始對於她兒子進行了長達十幾分鐘的控訴。張玲抱怨兒子軟弱，遠遠不如她好強。她說她小的時候，家境不好，但這不妨礙她努力學習。經過多年的奮鬥，她創造出了一番事業的同時，也為兒子創造了良好的生活條件，可是兒子太不爭氣，連這麼幾門課程都學不好。

我朝她揮了揮手中的課程表說：「這麼多課程，哪是一個八歲孩子能負擔的了的呀。即使孩子能學起來，妳想想他該有多累啊！」

對於我的話，張玲表現出一副不置可否的樣子，她說：「我小的時候，在學習上承受的壓力遠遠要比他大得多，即便如此，還老被我媽說嬌弱，一點抗壓能力都沒有。」

「妳讓孩子學習其他課程尚可理解，可是為什麼還要求他學相聲？」我朝她揮揮手中的課程表好奇的問。

她說：「男生很需要幽默呀！」

我不由得笑了。但是張玲卻無視我的笑，她嚴肅的說：「當今社會的競爭這麼激烈，更別說是以後了。現在讓孩子多學習，也就等於以後擁有了競爭力。況且，現在很多孩子都是這樣學習的，如果我的孩子不去學，以後拿什麼和別人競爭？我這麼做，也是不想讓孩子輸在起跑線上。」

張玲的話讓我陷入了沉默。是的，天下哪個父母不希望自己的孩子以後成龍成鳳，於是每個週末，他們會帶著孩子上各種才藝班，放學之後立刻去學鋼琴、學完鋼琴再學美術，回家之後再做作業，一直折騰到很晚孩子才能休息。

記得我兒子剛上一年級的時候，我也和所有的父母一樣，為了不讓孩子輸在起跑線上，為兒子精心挑選了一門鋼琴課，意在培養兒子的藝術氣質。但是兒子對我私自為他選擇才藝班表達了強烈的不滿，他告訴我說，他不喜歡鋼琴和音樂，只喜歡繪畫。

因為之前我聽過著名鋼琴家朗朗的現場演奏，我至今仍記得，那晚朗朗身著一襲黑色西裝，白色蝴蝶領結，款款走上舞臺，像一個翩翩公子。還未等他正式演奏，場內不少女士都不可抑制的發出了驚嘆聲甚至是尖叫聲。而等他正式開始演奏後，聽著那美妙的琴聲以及看著朗朗那雙不斷在黑白相間的琴鍵上飛躍跳動的修長手指，我被震撼了。我想，如果我的兒子如果以後也能像朗朗一樣，那該是一件多麼幸福的事情啊！

基於這樣願望，所以我對兒子的抗議置若罔聞，先是費盡口舌的說明學鋼琴的種種好處，甚至還狂熱的在網路上找出朗朗彈琴的影片，意在讓兒子遵從我的安排。但是兒子似乎對我努力並不領情，依然堅定的說不喜歡學鋼琴。他的拒絕直接破壞了我培養一個鋼琴王子的願望，我再也無法控制自己的情緒，幾乎失控的對著他吼道：「我已經幫你報名了，錢也交了，無法退掉，你去也得去，不去也得去。」

兒子終於妥協了，每個週末都會去學鋼琴。我作為最後的「勝利者」難免有些沾沾自喜，這小子以後要是真的成了鋼琴家，說不定能迷倒多少小女生呢！但是我美好的幻想還沒持續多長時間，兒子的日記就讓我變得沉重起來了。

一天晚上，在輔導完兒子功課後，他便上床休息了。我在幫他整理書桌的時候，無意中翻開了他的日記本，上面寫著自從他學鋼琴的感受。他說他不喜歡學鋼琴，但是媽媽很霸道，總強迫我去學，我其實最喜歡畫畫。我不喜歡這樣的媽媽，以前的那個善良的媽媽去哪裡了？

兒子的日記讓我心頭一震，心裡難過極了，他居然不喜歡我了，這可怎麼辦呀！我心亂如麻，一時不知道怎麼辦才好，於是我回房把兒子的情況告訴了老公。老公是一個喜歡讀書的人，也是一個很睿智的人，每次我遇到難題，他總能一下抓住問題的關鍵，給出最中肯的建議。

聽了我的敘述，老公笑著說：「當初妳幫兒子報名鋼琴課的時候，我就不同意。但是妳呢，自從聽了一次朗朗的鋼琴演奏，就非要把我們的兒子也培養成鋼琴家。

妳知道嗎，朗朗也是在父母的強迫下學的鋼琴，他的整個童年幾乎是在練琴中度過。但我們的兒子又不喜歡鋼琴，這妳也是知道的，現在好了，兒子討厭妳了。」

老公的話讓我氣不打一處來，我拿起一個枕頭一邊朝他身上打去，一邊說：「你居然說風涼話，也不知道幫我出出主意！」

老公一邊用手臂擋著枕頭，一邊求饒說：「別打了，這不是正在給妳想辦法嗎！自從兒子學鋼琴後，就明顯有情緒，我看著也心疼，而妳卻一味沉浸在自己的願望中，忽略了孩子的感受。現在最好的辦法就是馬上讓兒子停止學鋼琴，按照他自己的意願去學習就可以了。」

我雖然心疼那筆不菲的報名費，但為了兒子，我還是選擇停止讓兒子停止學習鋼琴，並誠懇的告訴兒子：「以後媽媽不會強迫你做你不喜歡做的事情了。不過，你要知道，一些原則性問題，比如放學回家要先完成作業再做其他的事情，這些你必須聽媽媽的。至於興趣的選擇，比如你喜歡畫畫，以後媽媽不僅不會干涉而且還會支持你的！」

兒子有些不相信我的轉變，當他再次向我確認不用學鋼琴之後，終於變得高興了起來，而我也終於鬆了口氣。

事後，我又反省整件事情，突然發覺，我作為一名幼教工作者，對孩子不同年齡階段的心理狀態十分熟悉，可是在外界因素的影響下，我居然會犯把自己的願望強加給孩子身上的這種低級錯誤！真可謂是「知易行難」！

美國著名心理學家愛利克．艾瑞克森認為人生分為幾個階段，每個階段都有獨特的任務要完成，不能提前或者滯後。對於孩童來說，除了學習之外，家長應該給予他更多自由玩耍的時間，即使有意讓孩子參加一些才藝班，也要徵求孩子的同意，要知道很多父母也會像我一樣，他們的願望很多時候並不是孩子的願望，但他們把自己的願望強加給孩子，就如同給不餓的孩子餵食，給不渴的孩子強制喝水一樣，只會引起孩子的痛苦和反感。

當我把我和兒子的故事分享出來後，張玲沉默了好久，說：「確實，我和原來的妳一樣，希望兒子以後能夠成為我所期待的樣子，並以我的經驗和閱歷，把一些東西強加給孩子，這其實就是一場自以為是的愛，對孩子並不公平。」

聽了張玲的話，我也鬆了口氣，我想她終於明白了我要表達的意思。

適當放手，孩子才能獨立

對於孩子來說，他們對這個世界充滿了好奇與憧憬，不論走到哪裡，總會東摸摸西看看，不斷的探索著這個陌生的世界，來增長自己的見識。所以，孩子需要成長的空間。而對於很多家長來說，總是喜歡蠻橫的破壞孩子的世界中的規則，比如說一個孩子從街上撿到一個小瓶子，並樂此不彼的玩著。孩子的媽媽發現後，立刻告訴孩子瓶子很髒，並要求他立刻扔掉。孩子捨不得扔，媽媽便一把奪過來扔進垃圾桶。

這種的場景在生活中隨處可見，甚至我們自己也曾做過這樣的媽媽。我家的樓下住著一對夫婦，他們有一個與我兒子年齡相當的女兒。小女孩長得漂亮極了，精緻的五官，大大的眼睛，好像一個洋娃娃。我非常喜歡這個小女孩，偶爾在電梯裡遇到她的時候，總要蹲下身來和她說上幾句話，以至於引發了我兒子的不滿。不過時間長了，我慢慢的發現這個小女孩不太愛說話，起初我以為是怕生的緣故，但是後來我才發現是與家長有關。

可以看得出來，那對夫婦十分疼愛女兒，不僅每天親自接送女兒上學，放學後，不論孩子去哪玩或在做什麼，這對夫婦總有一個人會如影隨行，生怕她會有什麼閃失。這個小女孩因此失去了自由空間，不論做什麼事情都會被干涉，於是變得有些膽怯。我這才意識到，如果家長不適時放手，永遠把孩子保護在羽翼之下，不放心孩子做任何事情，最後只能使他變得畏手畏腳，還容易產生自卑心理。我曾親眼見過一個相對獨立的女孩和一個羞怯的男孩的不同表現，更加充分的證明了，家長適當放手對孩子的重要性。

那是在一次朋友的聚會上，兩個朋友各自帶了自己的孩子，一個是八歲的女孩，另一個是八歲的男孩。

在點飲品的時候，貼心的服務生笑瞇瞇的問：「兩位小朋友，妳們想喝什麼口味的果汁？」

女孩馬上說：「姐姐，我想喝蘋果汁。」說完，還加了一句謝謝。

那位服務生明顯被這個懂禮貌的小姑娘打動了，十分認真的回應道：「好的，姐姐馬上幫妳拿。」

而坐在我身邊的那個小男孩就沒有那麼大方了，他輕輕的拉了一下媽媽的衣角，低著頭小聲說：「媽媽，我想喝蜂蜜檸檬水。」男孩的媽媽聽後，也沒說什麼，十分自然的告訴了服務生。

正式用餐時，小男孩居然不敢當眾動筷子子，而是像要果汁一樣不斷的拉著媽媽的衣角，然後告訴她自己想吃哪個菜。男孩的媽媽沒有絲毫的不耐煩，只是不斷根據男孩要求夾菜。

而那個女孩則是大大方方的夾著自己喜歡吃的菜，吃相文雅，十幾分鐘後，她似乎吃飽了，便和媽媽知會說要出去玩了。女孩的媽媽只是囑咐她注意安全，也沒有詢問她是否吃飽了。

吃飯雖然是一件小事，但事情越小越能反映出家長的教育方式是否合適。對於女孩的媽媽來說，她應該很清楚，女兒已經九歲了，她會知道自己是否吃飽。如果沒有吃飽，她會留下來繼續吃，一旦錯過了吃飯時間，餓過幾次她就會意識到下次要多吃點。相比之下，男孩之所以表現出一副羞怯的模樣，最大的原因是因為男孩媽媽照顧得太周到了，以至於讓他喪失了獨立意識。

聚餐進行到最後時，男孩因手上沾上了油漬，便對媽媽說：「媽媽我要去洗手間洗手，但是我不知道洗手間在哪？」

「自己問問服務生阿姨。」我和女孩的媽媽同時說道。

我們的話音剛落，男孩的媽媽就一臉疼惜的對他說：「寶寶，手弄髒了呀！媽媽帶你去找洗手間。」我和女孩的媽媽相視一笑，無奈的搖了搖頭。

一個八歲的男孩如果連自己問廁所在哪裡的勇氣都沒有，將來長大了又怎麼能獨立生活呢？當然，孩子是沒有錯的，是媽媽太過溺愛孩子，事事承包，不給孩子獨立成長的機會。曾聽朋友說，有一個學生從小養尊處優，除了學習之外，不會任何工作，以至於上大學後，每個星期都會把換下的髒衣服快遞回家，由媽媽洗乾淨後再快遞到學校。

不可否認的是，很多在生活上低能的學生其學習成績確實很優秀，但是要在如今競爭型社會中很好的生活，光靠成績好是遠遠不夠的，還需要許多其他的生活技能和智慧，而這些往往是那些無法獨立孩子不具備的。如果媽媽是老鷹，小鷹是孩子，那麼只有真正放手，給孩子最大的成長空間，孩子才能獨立成長起來。

曾看過一個新聞報導，報導中說，有六個家長各自帶著孩子在公園裡野餐，這六個孩子年齡不等，從三歲到八歲的都有。

這六個孩子吃飽之後便相約一起去不遠處玩秋千，並制定了玩耍的規矩，每人輪流玩五分鐘。在接下來的過程中，每個孩子都很乖的按照規矩輪流蕩秋千。

很多遊戲只有許多人一起玩，才能體驗到最大的樂趣。這六個孩子明顯感受到了大家在一起蕩秋千的快樂，不時傳來一陣稚嫩的笑聲。就在這時，一個年齡較小的孩子大概是因為玩上了癮，在規定玩耍的五分鐘時間到了之後，他依然抓著秋千不放手，看樣子是想多玩一會兒。

看到這種情況，其他孩子一擁而上，有的抓住這個孩子胳膊，有的抓住秋千兩邊的鐵鍊，大家一起表達了對秋千上小孩的不滿。這時，一個大約八歲的男孩像個大哥站出來說：「我們玩耍的規矩就是為了讓大家遵守，如果你想多玩一會兒，就是破壞規矩，也是對大家的不公平。所以請你下來，耐心等待一會兒，馬上就又會輪到你了。」

看到這裡，我開始猜想，一個兩三歲的孩子才不管什麼規矩，他一定會耍賴，以至於其他孩子拿他沒辦法，從而妥協。但是沒想到的是，這個孩子似乎聽懂了那個八歲孩子的話，僅僅是猶豫了一會兒，便把秋千讓給了其他孩子。而那六個孩子的家長依然紋絲不動的坐在不遠處，開心的聊著天，根本沒有去關注孩子之間究竟發生了什麼。

這個頗為和諧完美的結局讓我不禁對那些家長心生敬佩，如果換作其他家長，恐怕會有人始終盯著孩子，一旦孩子之間出現任何矛盾和衝突，他們肯定會在第一時間裡站出來，擔任起裁判的身分，用自認為客觀、公平的方式化解孩子之間的矛盾和衝突。而實際上，對於年紀相當的孩童來說，他們的位是平等的，也有他們自己的規則，很多時候，他們之間一旦產生矛盾，都會積極尋找解決的辦法，以平衡彼此之間的關係。而此時如果家長橫加干涉，無疑會打破他們自己解決問題的自由權利，如此一來，孩子又怎麼會有機會獨立成長呢？

透過這件事情，我越來越意識到「適當的放手，讓孩子自己成長」的重要性。而那個時候，我的兒子與鄰居家的彤彤年齡差不多，好像都是五歲的樣子，他們在同一所幼稚園上學。

有一次，我去幼稚園接兒子放學，當時兒子正在和彤彤玩蕩秋千。兒子見到我來了，便徵求我的意見，說他想多玩一會兒。我一看時間還早，也想利用這個時機觀察兒子最近的情況，便同意了。

看得出來，兒子和彤彤的關係的確十分要好，他們一個推著秋千，一個坐在秋千上，在一起玩得十分開心。這時，彤彤說要去洗手間，並將秋千託付給兒子，讓他看管好。彤彤剛走，就來了一個想要玩秋千的小朋友一帆，兒子便告訴他：「這是彤彤先占到的秋千，她現在去洗手間了，等她回來你問問她讓不讓你玩。」

一帆並不理會兒子的話，徑直就來搶秋千。他遠比我兒子強壯，我擔心兒子會吃虧，剛想上前干涉，但又轉念一想，這樣做豈不是像那些過度照料的家長一樣，讓孩子失去獨立的機會了嗎？於是，我極力控制住自己，靜觀事情的發展。

在拉扯中，兒子手中的秋千眼看就要失守了，我的心也咚咚打鼓，生怕兒子會受傷。也許在緊張時刻，人都會爆發出無窮的智慧。就在兒子快要放手之時，他突然說了一句：「你怎麼可以這麼沒有禮貌？你媽媽沒有教過你要尊重女生嗎？我都跟你說了，秋千是彤彤先拿到的，你想玩總得徵求一下她的意見吧？」好小子，我平時教他的基本的禮儀，現在他用在了教育別人身上。

一帆明顯一愣，顯然兒子的話刺激到了他，男孩都很要面子，尤其是當別人說他不尊重女生的時候，內心渴望成為引人注目的紳士的他，自然會覺得矮人一截，於是一帆悻悻的鬆了手，轉身離去。我也長長的鬆了一口氣。

彤彤回來時，兒子就像一個英雄一樣，十分紳士的將秋千交還給她，兩人又高興的玩耍了起來。

你看，孩子並不是我們想像中的那麼脆弱，也比我們想像中還要聰明和有智慧，而我們作為家長，應該做的是適當的放手，讓孩子自由成長。

因材施教，讓每個孩子都成為原創

有句諺語說「垃圾是放錯了地方的寶貝」，這句話也同樣適用於孩子的教育問題。每個孩子的智力發展都是不平衡的，而且各有其優勢和弱點，一個孩子可能在某一方面是「弱勢」，而在另一方面就未必不能稱為寶貝，家長若是能充分認識到孩子的優勢，並著重去培養這方面的優勢，相信任何一個孩子都能成長為一個獨一無二的小天才。

在一次大學同學的聚會中，許久未見的同學們坐到一起，不一會兒就談論起了各自的育兒經。其中一個同學說：「我女兒很優秀，每年的奧林匹克數學競賽她都能拔得頭籌，老師說她照這樣發展下去，考上臺大絕對沒問題。」

另一個同學聽了，接著說：「我兒子也不差，在學校裡一直是模範生，年年學校舉辦個什麼活動，都讓他當主持人。」

……

每個人都在極力的誇獎自己的孩子，輪流說了一圈下來，大家發現只有我和另外一個名叫郁秀的同學沒有發言，便都慫恿著我們說說自己的孩子怎麼樣。我仔細想了想，自己的兒子確實沒有大家的孩子那樣優秀，他既沒有得過什麼值得誇耀的大獎，也沒有擔任學生會幹部、主持人，所以實話實說道：「我兒子成績中上，在班級裡當小組長，偶爾學校舉辦演出，他也會表演一些節目，我覺得表演的還不錯。」說到這裡，我也不知道該誇孩子什麼好了，其實我兒子還有很多優點，只是那些優點，並非是大家想聽到的優點吧。

大家顯然對我的答案不滿意，所以立刻催著郁秀說說自己的孩子。郁秀望著我笑了笑說：「我女兒最大的優點，恐怕就只有人緣好了吧。」說完，她自己先笑了起來。

「人緣好？」大家對這個優點很不能理解，對於一個孩子來說，人緣好也能算優點嗎？但大家還是很禮貌的附和了幾句：「人緣好很好呀，這社會現在比的不就是人際關係嗎？」說完，大家都識趣的終止了這個話題，正巧這時候服務生開始上菜了，大家都向著餐桌走去，我故意坐在了郁秀的身邊。郁秀似乎也知道我坐過來的目的，聊著聊著，我們的話題就不約而同的拐到了育兒的話題上。

郁秀說她女兒的成績一直處在中等的水準，中等到什麼地步呢？就是全班有五十六個人，而她女兒的成績就不偏不倚的為二十八名，就像一條中分線，將全班同學分為了兩部分。時間久了，孩子們都稱她女兒叫做「中分線」，郁秀和她老公認為這個外號多少有點戲謔貶低的意思，但是他們的女兒卻能安然的接受，當別的同學喊她「中分線」時，她總是能毫不在意的回應。

為了讓女兒擺脫這個難聽的外號，郁秀費了不少力氣，每天監督孩子完成家庭作業不說，還額外的給孩子增加了學習任務，各種課外補習班報了一大堆。然後折騰了一學期後，女兒的學習成績依舊穩固的維持在「中分線」上，這個結果讓郁秀吃驚，也讓她的女兒沒辦法承受，拿到成績的第二天就重重的病了一場。看著女兒被病魔折磨的慘白的小臉，郁秀退掉了所有的補習班，心裡想：反正也努力過了，聽天由命吧！

但是在大家都在談論自家孩子的優秀之處時，郁秀總是避免不了失落的心情，看著這家的孩子四歲就會彈鋼琴，看看那家的孩子，年年參加校外比賽，再看看自己家的孩子，放在一群孩子中間，就像個小保姆一般，不是給那個繫鞋帶，就是幫這個圍圍巾。就在郁秀好不容易說服自己接受孩子的平凡時，一個偶然的機會，讓郁秀看到了自己女兒身上的亮點。

那是一次郊遊活動，幾家人包了一臺巴士前往。一路上，別人家的孩子有的吹口琴，有的唱歌，還有的跳舞，總之把氣氛搞得很歡快，郁秀的孩子既不會吹口琴，也不會唱歌，更不會跳舞，所以只能坐在捧場的鼓掌。誰料到，大巴車開著開著拋錨了，一車人的熱情也冷卻了下來，每個人都苦著一張臉。只有郁秀的女兒還是笑嘻嘻的，她每隔一會兒就給大家講一個笑話，把大家逗得哈哈直笑。郁秀從來不知道，在自己女兒的肚子裡，裝著這麼多笑話。

旅遊結束回來後，郁秀的女兒就開始了緊張的期末考試。考試成績下來後，孩子的成績依舊沒有突破，但還好也沒有下降。在拿成績的那一天，班導將郁秀叫了過來。班導說自己任教這麼多年，還頭一次遇到郁秀女兒這樣的學生，就在郁秀不安自己女兒到底犯了什麼錯誤時，班導搬來了一個投票箱。

郁秀疑惑的將手伸了進去，拿了一張紙條出來，上面寫的是女兒的名字，再拿一張，還是女兒的名字，接連五張紙條，無一例外寫得全是女兒的名字。在郁秀詢問的眼神中，班導肯定的說道：「這一箱子除了你女兒寫的那張之外，每一張都寫的是你女兒的名字。」

往年學校都評選模範生、班級幹部，校長認為這樣的評選太片面，於是更改了評選標準，將獎狀改為「班裡最受歡迎的人」、「班裡最愛學習的人」、「班裡最愛工作的人」……而郁秀的女兒以全票通過的形式，成為了「最受歡迎的人」。

說完自己的女兒，郁秀長長的舒了一口氣，繼而認真的對我說：「說實話，我很驕傲。我現在一點也不羨慕那些孩子學習成績好，孩子特長愛好多的家長了，因為在我看來，我的女兒也足夠優秀。」

其實，孩子是否優秀根本沒有一個統一的標準，或許孩子在某個方面不如人，但是在另外一方面，我們就能發現孩子身上獨特的「亮點」，就像我當初逼著兒子學鋼琴，他並不擅長音律，我卻固執的認為這應該成為他優秀的一面。而當我放下執念，全面的去欣賞孩子時，我發現我的孩子雖然沒有音樂細胞，不能像鋼琴王子那樣優雅，但是他游泳很厲害，說不定就是下一個費爾普斯。明明每一個孩子都是原創的版本，各不相同，各有所長，我們為什麼非要讓他們成為別人的「翻版」呢？

孩子的「自私」不是他的錯

第一次發現兒子有「自私」行為的時候，是在他不到兩歲時，我帶他到兒童樂園玩。剛到的時候，兒童樂園裡人很少，基本上都是各玩各的，兒子一個人玩溜滑梯玩得很起勁。但是沒過多久，人就漸漸的多了起來。玩溜滑梯的小朋友就不再是兒子一個人了，每當有小朋友踏上溜滑梯，兒子都會急忙跑過去，一把拽住人家說：「這是我的！」這個行為讓其他小朋友覺得莫名其妙，也讓我這個當媽媽的哭笑不得。

我只好將兒子拽到懷裡，耐心的跟他講，兒童樂園屬於公共場合，裡面的所有東西都是大家的，所以每個人都可以玩。但是這番話對兒子絲毫不起作用，並逐漸發展為只要是他玩過的東西，其他小朋友一拿，他就會著急，嘴裡喊著：「那是我的。」在反覆勸說也無果的情況下，我只好將他帶離「是非之地」。回到家後，我便將兒子的「自私」行為告訴了老公，老公和我一樣，認為這是個不好的開端，一定要想辦法讓孩子將這個壞習慣改正過來。

後來，在兒子與其他小朋友相處的過程中，只要兒子一出現「自私」的行為，我就會嚴加阻止，比如有一次鄰居家的小孩彤彤來找兒子，彤彤想玩兒子的小火車，但兒子寧可將玩具推到沙發底下也不願意讓彤彤玩，彤彤拿什麼，兒子就搶什麼。為了懲治兒子，兒子跟彤彤搶什麼，我就跟他搶什麼，然後搶過來塞到彤彤手裡。彤彤高興了，兒子卻哭得很傷心，嘴裡還不停的喊著：「這是我的！這是我的！」更糟糕的是，這樣的方式絲毫起不到作用，不但沒能讓兒子變得「大方」起來，反而變得越發吝嗇。

黔驢技窮的我只好買來了許多育兒書，一本一本的翻看。漸漸的我才意識到，兒子的行為不能稱之為「自私」。孩子在剛出生時，是沒有自我的，他們與世界渾然一體，但是在自然法則的感召之下，孩子會一刻不停的形成自己。而在兩到三歲的時候，則是孩子自我認知的成長階段。在這個階段，孩子的所作所為完全是按照自己的意願、情感、心理和需求而為之，他們十分渴望自己有權管理屬於自己的東西，而且在這個階段，他們的口頭禪就是「我的」，他們每天的「工作」就是看管好「我的」所有物品，這是孩子自我意識的體現，是他們透過占有屬於自己的物品來區分自己和他人，因為只有占有了這個物品，他們才能感受到「我」的存在，而非大人所謂的「自私」行為。

而當時無知的我差一點就給兒子貼上了「自私」的標籤。果真，當兒子度過了這個時期，他很自然的就學會了「分享」，這在他上幼稚園大班以後表現的尤為明顯，他會將自己從家裡帶去的食物，主動分給幼稚園的小同學們，到了兒童樂園也很懂得排隊的秩序。如果過了這個年齡，孩子還是很「自私」，不懂得分享，那家長就要從自身尋找一下原因了，是不是自己將孩子培養成了「自私」的孩子？

在公車上，我經常會看到這樣的情景：小孩坐在座位上，而大人則嘴裡向讓座的人道著謝，手上還拎著大包小包。孩子坐在座位上悠閒自得，旁邊的大人疲憊不堪。這是多麼鮮明的對比。保護孩子是大人的天職，但是我們不應該將孩子當作「弱者」去對待，讓孩子理所當然的認為「照顧我是應該的，座位就應該是屬於我的」。這樣被「保護」過度的孩子，自然會成長為自私的孩子。

還有就是逗孩子的行為。來我家做客的朋友中，不乏一些喜愛孩子，愛逗孩子玩的大人。他們可以陪孩子瘋玩，但是我卻嚴格禁止他們逗我的兒子。比如說：某個朋友看到我兒子在吃餅乾，於是便張著嘴說：「給阿姨吃一口。」但當兒子將餅乾遞過去的時候，朋友卻說：「謝謝你，阿姨不吃。」當然朋友並無惡意，我也相信她這種行為只是為了試探兒子是不是一個懂得分享的孩子，但是無形中卻讓孩子對「分享」的概念產生了歧義，那就是「其他人不會真的要我的東西，分享只是一種形式，不需要認真。」久而久之，孩子就變成一個不懂分享的孩子。其實，孩子在很小的時候，就懂得與他人分享，除了在「自我意識」成長時期，分享幾乎是他們的天性，但是卻被家長這樣逗著逗著，就給逗沒了。

在當今這個競爭的社會中，只有懂得與他人合作的人，才能得到長足的發展，而一個自私不懂合作的人，只會被社會排擠，被時代拋棄。作為一個好媽媽，我們不能因為害怕孩子會吃虧，就對他們過度保護，我們需要保護的是孩子的「自我」，讓孩子懂得珍惜自己的物品，維護自己的權利。但是又不能培養出「自私」的小孩，在這個過程中我們要以身作則，摒棄一切會培養出孩子自私的行為，讓孩子學會尊重他人的物品，懂得與他人分享。

第二章　開啟孩子最能接受的溝通方式

消極的語言「暴力」與積極的語言「魔力」

小美每個星期天都會帶著六歲的女兒小愛去外面的餐廳吃飯，儘管花費不菲，但小美卻認為，女孩要富養，只要不寵溺，適當的多花一些錢也是可以接受的。

這天，小美帶著女兒照例來到離家不遠的一家肯德基。小愛文文靜靜的吃到一半，就停了下來，看著餐廳內的角落處，那裡擺放了一架大型溜滑梯，不僅防護措施做得很不錯，而且又在家長的視線範圍內，因此很多小孩都來玩溜滑梯。

小美看著女兒一臉嚮往的表情，便鼓勵她去玩溜滑梯，說不定還能交到一個好朋友呢。小愛終於鼓起勇氣，加入了排隊玩溜滑梯的行列。

很快，那幫小孩就爆發出陣陣歡樂的笑聲。而小愛好像對另外一個小女孩頗有好感，一直緊緊的跟著她身後。她們一起滑了幾次，小愛試圖去拉小女孩的手，卻被甩開了。小愛又嘗試了幾次，依然沒有牽手成功。小女孩突然站到小愛面前，說了句什麼，小愛突然嘟起了嘴巴，眼睛像兔子一樣紅了起來。小愛愣在原地好一會兒後，徑直跑到媽媽身邊，抱著她的腿放聲大哭。

一頭霧水的小美連忙從座位上站起來，蹲下身子，替小愛擦了擦眼淚，問她發生了什麼事情。但是小愛卻沒有回答，此時她已經哭得上氣不接下氣。小美停止了追問，開始安撫她的情緒。過了好久，小愛終於慢慢平靜了下來，她抽泣著問小美自己是不是很讓人討厭？

小美猜測肯定是剛才那個小女孩對小愛說了什麼傷害她的話。她將小愛攬在懷中，鄭重的告訴她，小愛是天底下最聰明懂事的孩子。

聽了小美的話，小愛仍然有些半信半疑，追問小美說那個姐姐一直不讓我拉她的手，還說很討厭我，不喜歡和我在一起玩。

明白事情的原委的小美這樣開導小愛：「小愛，還記得媽媽平時是怎麼教妳的嗎？不論做什麼事情，都要學會尊重別人。妳剛才想和姐姐手拉手，提前徵求她的同意了嗎？」

小愛沉默不語。

小美接著告訴她交朋友失敗一次不要緊，媽媽還會鼓勵你以後繼續和別的小朋友交朋友。不過，下次你要記得懂禮貌。還有，剛剛那個姐姐之所以不願意和你拉手，很可能不是因為你沒有禮貌，而是她心情不好。你想想，你以前不是也因心情不好和媽媽發脾氣嗎？所以呢，你要理解那個姐姐。

小愛的情緒徹底恢復了。接著，小美又鼓勵小愛重新去交新的朋友。因為有了之前的經驗，小愛這次顯得從容了許多，成功與另一個小女孩牽著手一起玩溜滑梯。

小美詳細描述這段事情的時候，不經意間揉了揉自己的腿，好像當時長時間蹲姿所帶來的麻木至今沒有消散。小美也是我一個學心理學的朋友，我當然知道她蹲下來的用意——告訴孩子我們可以平等交流。

小美說：「孩子都是很脆弱的，即使同齡人只是說一句『我不喜歡你』這樣的話，也可能傷害到孩子。所以，我也把它歸類到『語言暴力』裡。」她又感慨說，同齡小孩都存在語言暴力，更何況我們做家長的，是否也會無意對孩子施加語言暴力。

我十分明白小美要表達的意思。對於孩子來說，語言暴力帶給他的傷害是長久的，不僅會傷害到孩子的自尊心，摧殘孩子的心理健康，孩子還會在心理上認同家長的評價，從而逐漸產生自卑心理、喪失生活的勇氣等嚴重的後果。

在兒子五歲之前，只要他一不聽話，我就會怒氣衝衝的訓斥他。「告訴你多少次了，你怎麼還不會、我為什麼會有你這樣的兒子」是我的常用語。我清楚的記得，每當兒子聽到我這麼批評他，總會悶悶不樂好幾天。尤其有一次，兒子氣得我直想撞牆，我怒不可遏的朝他吼道：「我不要你了，你不是我兒子。」本是發洩之語，兒子卻當了真，嚇得哇哇大哭，一個勁的乞求我說：「媽媽，我以後再也不敢了，不要趕我走。」

說來也慚愧，每次朝孩子怒吼完，我很快就把這件事情忘記了，即使有時候注意到兒子有幾天無精打采，也理所當然的覺得，男孩嘛，連這點責罵都接受不了，以後還怎麼成大事？不過，很快我就意識到自己錯了。

有一次，我帶著兒子坐捷運去朋友家做客，當捷運停在江子翠站的時候，上來一對母子，剛好坐在我們對面。剛坐下，那位媽媽就從包裡拿出一張考卷，一邊指著考卷，一邊訓斥孩子：「你看這道題這麼簡單，你居然會做錯，真不知道你當時是怎麼想的。再看這道題，跟我上次講過的那道題不是很像嗎？你怎麼就這麼笨，要學會舉一反三啊！」媽媽越說越激動，聲音也越來越大。到最後，又從學習問題上轉移到生活問題上，從不注意個人衛生，到不願意幫忙做家務，大大小小的事情，這位媽媽羅列了足足有十幾件。我發現，小男孩的頭越來越低，而媽媽依然不顧四周的目光，繼續喋喋不休的批評。

「媽媽，他真的好可憐！」兒子說。聽他的口氣，真有一種同病相憐的感覺。

而我作為旁觀者，此情此景讓我想起了我平時對兒子的態度，不由得心生愧疚和後悔，也才意識到一句暴力的語言得花多長時間才能彌補啊！於是，我下定決定，以後一定要杜絕對兒子說一些暴力語言。

從這以後，兒子做事情哪怕做得再不好，我都會心平氣和的鼓勵他：「不要緊的，這次事情沒做好，主要是因為你之前沒有經驗。媽媽小時候也和你一樣，經常做不好一些事情。所以媽媽給你嘗試錯誤的機會，也相信你下次一定會做得比現在好。」

見到兒子驚訝於我的變化，於是我趁機向他為我過去的做法道歉，說：「過去媽媽確實是有些著急，所以說話嚴厲了一些。以後媽媽向你保證，再也不會這樣了。」我的話打開了兒子的心結，我為此感到慶幸。

有一天晚上，吃過晚飯，我帶著兒子到社區附近的一個小廣場逛逛。廣場上有跳舞的、有賣小吃的、有賣玩具的，十分熱鬧。這時，兒子看到一項釣魚遊戲。這個所謂的釣魚並不是釣真正的魚，而是將一些小魚造型的玩具放在一個水槽中，然後用魚鉤去鉤玩具上的一條小繩子。水池中除了小魚之外，還有一些小怪獸等多種造型的玩具，難怪兒子想玩，他絕對是想得到這些玩具。於是我去租了一根魚竿交給了他。

拿到魚竿的兒子有些激動，一會兒吵著要釣那個，一會兒又說要釣那個，最終卻遲遲沒有動手。我便在旁邊提醒釣魚是有時間限制的，所以一定要心平氣和的釣最想釣的「魚」。兒子慢慢集中精力，開始釣了起來。這項遊戲看起來簡單，但一旦操作起來可就沒有那麼容易了。兒子努力了好久，一條也沒有釣上來，他在有些洩氣的同時，也有點想放棄的樣子。

站在一旁的我，恨不得親自上陣替兒子釣魚，但轉念一想，如果我插手就等於變相的否定兒子無能，這難道不是行為上的暴力嗎？於是我開始鼓勵兒子：「兒子，你是第一次玩這個遊戲，釣不到魚是很正常的。但是現在還有一些時間，你就真的甘心放棄你喜歡的玩具嗎？媽媽覺得，你再試一試，一定可以成功的。」

在我的鼓勵下，兒子繼續釣魚。過了一會兒，終於釣上了第一條魚，我誇張的替他加油。接下來就比較順利了，他開始源源不斷的釣到了第二條，第三條……那天晚上，我們都收獲了很多，對於兒子來說，他憑藉自己的能力擁有了玩具，收獲了成就感和滿足；對於我來說，我深切的感受到了消極語言和積極語言對孩子的影響是千差萬別的。

如果那天晚上，我依然像過去一樣，在兒子釣不到魚的時候隨意說一些「你真笨」之類的話，那麼他就會開始懷疑自己的能力，認為自己真的不行，以後肯定也沒有勇氣去面對一些挑戰了。

再結合小美和我分享的經歷，我更加意識到，在教育孩子的過程中，身為家長不能口無遮攔，想到什麼說什麼，因為家長的無意之語對孩子來說可能就是語言暴力，它給孩子帶來的傷害有時候甚至比體罰都嚴重。所以，在和兒子進行一些交流溝通時，我都會提前想好措詞，避免出現一些語言暴力，並適當鼓勵，我想，也只有如此，兒子才能健康成長起來。

「嘮叨」是顆愛的定時炸彈

《西遊記》裡的唐三藏為了不聽話的孫悟空一直感到頭痛，想要控制他卻是心有餘力而不足，於是觀音菩薩便賜給他「緊箍咒」。有了這個法寶，唐三藏就省心多了，只要孫悟空一不聽話，唐三藏就念緊箍咒，終於將其成功制服。然而在喜歡自由的孫悟空看來，唐三藏猶如一隻蜜蜂一樣成天在自己耳邊「嗡嗡個不停……」要是可以，他恨不得馬上離開唐三藏，以求自己的清靜！

有人打趣說：「家長就是現實中的唐三藏，而孩子就是孫悟空。」如果結合現實生活，不難發現這個形容確實比較形象化。

每位家長都十分的愛自己的孩子，自然會格外外重視孩子的一言一行、一舉一動，所以也總在不停的對孩子嘮叨，給孩子念「緊箍咒」，每天孩子的神經都綳得很緊。這種嘮叨在孩子的心裡產生了多麼巨大且不良的後果呀！我曾針對小學生做過一份關於「怎樣看待父母的嘮叨」的調查，有好幾個小朋友針對家長的「嘮叨」傾訴了心聲：

一個小男孩說：「聽到媽媽的嘮叨就心煩，恨不得找個地縫鑽進去，但是又不敢反抗，就只能沉默的聽媽媽嘮叨。」

還有一個小男孩說：「爸爸媽媽們嘮叨的時候我就知道自己錯在哪裡了，只要點到為止就行了，沒有必要從一件事再扯出一大串的事把我從頭到尾批判一頓。」

一個小女孩說：「媽媽有時候嘮叨，會不分青紅皂白的冤枉我，真的好希望媽媽能聽聽我的心聲。有時候聽媽媽嘮叨後氣極了，趁媽媽不在的時候，我會找些沒生命的東西摔，發洩一下。」

還有一個小女孩說：「我在和小朋友玩跳繩的時候，媽媽卻喊著讓我去寫作業，人家都在玩，我向媽媽保證，會合理安排時間完成作業的，但是媽媽就是不聽，還不停的數落我，直到好朋友們都被媽媽的嘮叨嚇跑了，我乖乖的回去寫作業，媽媽才肯罷休。有時候會想如果我會變魔法多好啊，把媽媽變成小孩子，把我變成大人，讓媽媽也嘗嘗被嘮叨的滋味，讓她也知道我的心情。」

……

現實中，很多孩子就如上述幾個小案例中的孩子一樣，備受家長的嘮叨帶給他們的困惑。所謂的嘮叨指的是那些不經思考並不斷重複的話，而這些話語充滿了負能量，不會帶給孩子任何好處。家長的不停嘮叨會對孩子的自我體驗以及心理造成很大的干擾，以至於會讓孩子產生叛逆心理。很多時候，一個孩子在某一件事情上被嘮叨得越多，他往往無法做好這件事情。比如有的孩子在繪畫方面有一定的天賦和興趣，家長發現後，立刻為孩子採買繪畫的用具，然後將其送到繪畫班，並將繪畫當成一件教育大事來監督，每天不停的對孩子嘮叨要努力學畫。時間長了，孩子對繪畫的興趣逐漸在家長的嘮叨中消磨殆盡，而且繪畫水準變得平庸，繪畫就此成了孩子和家長最為頭痛的一件事情。可見嘮叨的危害之大。

最近有個朋友跑來向我訴苦說：「我兒子越來越不聽話了，現在我都不知道該怎麼和他進行交流。」

對於朋友的抱怨，我感到十分驚訝。在我印象中，她的兒子小磊今年上六年級，不僅學習成績非常好，而且還十分懂禮貌，每次見到我都會主動打招呼。我也會私下經常和別的朋友感慨她教子有方。我不解的問她：「小磊那麼聰明懂事，難道你們之間也會出現溝通問題嗎？」

朋友嘆了口氣說：「他在學校是很優秀，而且也很懂禮貌。但你不知道，這孩子在生活上其實很隨便，在家裡從來不摺被子，用完的東西從來都不會放回原位。現在只要他一回家，我就像跟屁蟲一樣，跟著他到處收拾屋子。這些事情，我每天耳提面命說了無數次，一開始他還回應說一定改正，但一直不見行動。再後來，不論我怎麼說，他就是不理我。有一次，我還被這小子氣得掉眼淚，而他也就淡漠的看了我一眼就回自己房間了。有時候，我真懷疑這小子到底是不是我生的，怎麼對我一點感情都沒有？」說到難過處，她擦起了眼淚。

聽朋友這麼描述，我馬上就聽出了問題，便說：「這就是妳和小磊之間存在問題的原因。你妳成天就知道嘮叨批評他，他肯定受不了。」

朋友不服氣的說：「他在學習上是很優秀，但在生活上卻很差勁，這是他的缺點，我嘮叨也是為了他好，總不能像別人一樣把他誇上天吧？那肯定會讓他驕傲的。」

我撲哧一笑，說：「這就是妳多餘的擔心了。小磊學習成績很優秀，這是大家有目共睹的，但從他平時的表現來看，他是一個很懂事的孩子，也不會輕易驕傲。而且對於孩子來說，最忌諱嘮叨，你越是嘮叨，他越會對妳反感！」

朋友若有所思的說：「聽妳這麼一說，我這才發現自己對孩子確實有些嘮叨過頭了。現在我才發現他不喜歡我，我再怎麼說都不管用。這可怎麼辦才好！」於是我幫她出了一個主意，讓她停止對孩子的嘮叨，然後與孩子進行談心，把需要他改進的地方定成規矩。即使孩子仍然不能做好，也不能再嘮叨，而要找適當的機會提醒他。

幾個月過後，朋友神采奕奕的來看我，並告訴我，自從她和小磊長談一次並有意識的停止了嘮叨之後，小磊不僅願意像以前一樣親近她，而且還主動檢討自己有很多地方做得還不夠好。

妳看，只要家長停止嘮叨，幾乎每個孩子都會按照父母的要求改正自己的缺點。再說，現在的很多孩子在家長的嘮叨聲中早就練就了對付嘮叨的本領。如果父母反覆說教，不斷給孩子施以相同的刺激，則可使孩子養成「心理惰性」，結果是父母嘮叨越多，孩子的防禦能力越強。當孩子在心裡上構築起嘮叨的「防火牆」，「金玉良言」也就很難穿透了。並且還失去了對父母的敬畏，最終當再次出現相同刺激時，教育效果便隨之下降，甚至消失。如果嘮叨的刺激夠大的話，那麼還可能導致父母和孩子發生嚴重的衝突，所以說沒完沒了的嘮叨，像一顆埋在父母和孩子之間的不定時炸彈也不為過。

所以，父母不要老是對孩子一味的數落、責怪，試著學會沉默和鼓勵，在對孩子的進步給予表揚和鼓勵的基礎上，對其過錯予以糾正，孩子就容易接受妳的意見了。並且前面我們說過，被嘮叨不一定全是孩子的錯，如果當某天孩子或別人告訴妳覺得妳愛嘮叨時，請積極的尋找我們自己嘮叨的原因，從源頭上解決問題。

另外，現在的孩子都很聰明，別以為妳說的話他聽不懂，孩子接受資訊的途徑很多，所以什麼東西都懂一些。父母跟孩子說的話，一定要合情合理，不能信口胡說。另外，也可以透過別的途徑表達妳的意思，比如寫信，講故事，遊戲等等來表達妳要說的內容，或者親自帶頭做一次，示範一次遠比妳嘮嘮叨叨要好很多。

總之，不管做什麼事，說一萬遍，問題還是問題，解決不了。所以，說一遍明白了，就不要再說，另外，還要少說教，多實踐，這才是最好的教育。

正確方式教育，孩子自然認錯改錯

我鄰居家的孩子彤彤的成績很好，對人也很有禮貌，只是性格大大咧咧的不愛整理房間。彤彤媽媽從早上起來到晚上入睡都在要求孩子做好個人房間整理工作，但似乎效果都不太明顯。而彤彤媽媽因為是做服裝生意，所以她的朋友對服裝之類的諸如簡潔、大氣且高貴的居家環境都明顯高出常人標準，也因此，每次彤彤媽媽的朋友們來做客，彤彤房間的髒亂現象就常使得彤彤媽媽自覺丟盡了面子。

週六早上八點多，我就聽見彤彤媽媽的吼聲再次響起：「彤彤，我都跟你說了多少遍了，自己收拾好你的狗窩，你看昨晚老師做家庭訪問時的表情，明顯對我們家的印象分數不高，這對你今後的學習成績有好處嗎？都怪妳，平時總把我的話當做耳邊風……」

我沒聽清楚彤彤的反駁聲音，但我知道彤彤媽媽這是在「新帳舊帳」一起算。我也能理解彤彤媽這麼做，本意是想提醒孩子，讓孩子明白自己的不對，以便及時改正。但這樣近乎刻薄的訓斥和沒完沒了的叨嘮，應該收效不會太大，至少我沒看到彤彤在這方面有什麼更好的調整。

我也和彤彤媽媽聊過，告訴她即使孩子曾經犯過錯，那也是過去的事了，批評過了就應該「結案」了，沒必要再將以前的錯誤全數清算出來。這些「舊帳」，就好比把孩子的傷口一次次的揭開，很容易讓孩子覺得媽媽總是不能原諒自己的過去，從而傷害孩子的自尊心，激起孩子的叛逆心理。

實際上，犯錯和批評，是孩子和媽媽都要面對的問題。而批評孩子的態度和方法，最能體現一位媽媽的親子溝通水準。就事論事，不翻舊帳，是媽媽批評孩子時必須掌握的第一要訣。現在，我們來看我接觸到的另一個媽媽，她是怎麼「批評」自己孩子的？

二年級期末考試結束後第三天，媽媽透過班級群組知道了孩子的各科成績，媽媽很滿意，除了……慢著，沒錯，除了國文成績之外，國文只有八十二分。媽媽很清楚，這個分數在全班中，幾乎是單科倒數的程度了。

媽媽很焦慮，她知道這情形有些嚴重，這問題在上學期就已經存在了。儘管內心有些情緒，媽媽還是來到孩子的房間，蹲下來握著孩子的雙手問：「這次國文沒考好，你想想看是什麼原因呢？」

「我寫作文的時間太長了，結果前面有些題沒有做完。」

「前面那些題你會做嗎?」

「我都會做，我在寫作文時因為太專注，忘記時間了。」

「那這次媽媽不怪你，下次考試一定要規劃好時間，不要再犯同樣的誤了。」

「嗯，經過這次教訓，下次肯定不會了。」

「好，我們去吃飯吧，媽媽給你做了好吃的!」

「謝謝媽媽!」

這個媽媽與彤彤媽媽的處理方式相比，哪個效果會好我們自然看得出來。這個媽媽在孩子國文沒有考好的情況，並沒有無端的指責孩子，而是就事論事，跟孩子一起分析了考試失利的原因，最後孩子也明白自己的錯誤，並決心改正自己的錯誤，結局非常圓滿。

在現實生活中，一個孩子因為一次考試沒有考好，媽媽就批評他:「妳書是怎麼讀的，考試怎麼這麼差?看看妳的鞋子，弄得這麼髒!上次讓妳去學跳舞，不想學，跳得也不好。這下好了，做什麼都差勁。我和妳爸爸的成績可從來沒這麼差過，我們上學的時候，多想學唱歌，學跳舞啊，但是經濟狀況不允許啊!我們把所有的希望都放在了妳身上，但是結果怎麼樣……」想必，這些場景可能非常熟悉，有些也經常發生在我們自己身上吧。轉念想想，不能讀懂孩子的內心，不去權衡問題的根本原因，光有批評的形式，這同樣是亡羊補牢。

英國教育家洛克說：「父母越不宣揚子女的過錯，子女對自己的名譽就越看重；若是你當眾使其無地自容，他們覺得自己的名譽已經受了打擊，則設法維持好評的心思就更加淡薄。」孩子犯了錯誤，只要改正了，媽媽就不應該總把錯誤掛在嘴邊，老是「翻舊帳」，否則，會讓孩子覺得永遠無法在媽媽面前翻身！

另外，教育孩子也要分場合，再小的心靈也需要真正的尊重，若當外人的面批評孩子的過錯，會擊潰孩子的自尊。

一次，我帶兒子去參加同學的婚禮。婚宴還沒正式開始，大家都在聽主持人講話。此時，坐在我旁邊的一個六歲左右的小男孩可能禁不住那盤大蝦子的誘惑，伸出右手去抓，他媽媽連忙拿起筷子，在他的手背上敲了幾下，並當眾數落了他一頓。不料，孩子的臉漲得通紅，站起身就要離開。幾位親戚急忙打起了圓場，結果引來更多雙眼睛的注視，弄得這位媽媽好尷尬。

我兒子似乎並沒領會這其中的意思，反倒啟發他也嘗試伸手去抓靠近他右手邊的那個水果拼盤。我發現了他的意圖，用手輕輕碰了一下他的手臂，兒子回頭看了我一眼，我對他搖搖頭，他吐了吐舌頭，又重新安靜的坐在那裡了。

我也許做得未必高明，但我懂得，如果我當眾批評兒子，批評他一次，就會剝掉他的一層臉皮，到最後，孩子便會練就一副厚臉皮，我再怎麼跟他溝通都不會有任何作用了。

關於和孩子的對話方式，批評只是其中的一種，而針對孩子的問題所要進行的批評也有太多注意的點，比如不能全盤否定和一味貶低孩子，要以迂迴、含蓄的方式給孩子留個臺階下等，這些針對孩子不同成長階段所要面對的問題，都要綜合考慮來進行。

一次，我帶孩子去馬路對面的超市購物。路上，我牽著他的手慢慢走過擁擠的車道人群，突然，兒子主動提出要幫我提皮包。我看了看他，猶豫了一下，還是把剛剛買的手提包放到他手中。

我們繼續前行，走到超市門口時，兒子忽然一個不注意，手提包從手中脫落掉到地上，準確的說，掉到了超市門口還沒處理好的一個工地水坑中。兒子愣在那裡，不知所措的望著我。

我稍微猶豫了下，彎腰撿起水中的手提包，告訴他：「你看媽媽的手提包是防水的，只要用面紙把泥巴擦掉就可以了。」兒子聽後，表情不再那麼緊張，他從自己的小口袋裡取出一張面紙，仔細的幫我擦拭手提包上的污漬。

「媽媽，我把皮包弄髒了，妳怎麼不罵我呢？」兒子問。

「每個人都會犯錯誤，媽媽也一樣。不過媽媽會在錯誤中汲取教訓，相信你也會這麼做的！」我回答她。

兒子說：「真的嗎？媽媽，我也會汲取教訓的！我可以再幫妳提皮包嗎？」

我很高興的又把皮包交給了他。

「人非聖賢，孰能無過？」何況是還沒有長大的孩子。孩子有什麼缺點，或者是犯了什麼錯誤，媽媽在批評時絕不能全盤否定其優點和成績。只要對其錯誤加以批評，使其及時改正即可。我一直秉承著這樣的育兒理念，的確受益無窮。我很清楚，兒子所犯的那點所謂的錯誤，可能是經驗不足，可能是能力不夠，也可能是好心辦了壞事，所以我提醒我自己，首先肯定他、接納他製造的問題，然後再給他補救的機會。

正如我在學習兒童心理學時，我的老師告訴我們的那個道理：在成長過程中，孩子就像一杯沒有倒滿的水，我們不能總是看到「一半是空的」，而應該看到孩子已經

「有一半的水」。

美國詩人朗費羅曾說：「撕壞的衣服很快就能修補好；而惡毒的話卻會給孩子的心留下永久的創傷。」媽媽想要激勵孩子，千萬不要貶低孩子的缺點，挖苦孩子的錯誤。應該多用啟發、引導、鼓勵的方式與孩子溝通，為孩子指點「迷津」。

還有一個很現實的問題也值得我們注意，即傳統的家庭教育大都嚴肅多於寬容，媽媽與孩子的關係往往變得非常對立，至少我本人就是在這樣較有壓力和緊張的家庭環境中成長起來的，這其中當然不能全盤否定其家教的優勢，但是弊端也更顯而易見吧。

其實，風趣幽默的親子溝通更能觸發孩子活潑的天性，它不僅能使孩子免去在大人面前的拘謹，拉近媽媽與孩子之間的距離，還能使孩子在輕鬆笑聲中受到刻骨銘心的啟迪。

尊重孩子，讓孩子做自己

我有個做銷售的朋友，性格豪爽，不拘小節，而且還晚婚。在她沒結婚之前，看我每天帶兒子那麼累，總是喜歡以一副教育專家的口吻勸導我說，孩子沒有那麼嬌氣，用不著替他考慮太多。

她說她小時候就是放養，父母從來不管她。她小的時候，有一次和鄰居家的男孩起了爭執，隨後就動起手來。她不是人家對手，幾個回合下來便哭著朝家裡走。

正在打掃庭院的母親老早就聽到了她的哭聲，不由分說的把手中的掃帚扔在她腳下說：「哭什麼哭，輸了就給我打回去！」

於是她真的撿起掃帚重新殺了回去，結果大獲全勝。

「你看，我現在身體強壯，也沒有心理疾病，賺的錢雖然不多但足夠養活自己了。」說著，哈哈仰天大笑。

我也跟著她哈哈大笑，還真心的有點羨慕她看起來比較有趣的童年。不過，我還是不贊同她的教育理念，畢竟社會在不斷進步，教育環境也有了很大的變化，如果用過去的教育方法或者自己的成長經驗去教育孩子，未免有些不妥。

教育理念雖然不同，但並不妨礙我們交流，後來，我見證了她墜入愛河並幸福的走入婚姻殿堂。眨眼間，幾年一晃而過，她的兒子都六歲了。

自從有了小孩之後，她性情依舊未變，但卻不再反對我的教育理念了。有一次，她感慨的和我說：「自從當媽以後，我才知道帶孩子不容易。按我說，一個小不點能有什麼自尊，但是我慢慢才發現，孩子雖然小，卻似乎什麼都懂，他也需要家長去尊重。所以，現在我不管我兒子說的話我有多麼不認同，我都會認真應對。」說著她跟我講了一件發生在她兒子身上的事情。

朋友的兒子我見過，活潑好動，十分的聰明伶俐，但是他卻十分討厭去逛百貨公司。一次朋友要帶他去逛百貨公司，他卻態度堅決的拒絕了。因當時朋友的老公在外出差，朋友不放心讓兒子獨自一人在家，便許諾只要他願意去百貨公司就給他買一雙新鞋，他這才答應了。

到了百貨公司的童鞋專櫃時，朋友的兒子馬上就被一雙運動鞋吸引住了，便告訴朋友他喜歡那雙鞋。朋友便讓兒子試穿，他試穿之後，在鏡子前照了照，又走了幾步，覺得鞋穿起來很舒服，也很好看，便要求朋友買下來。

朋友看著兒子腳上的鞋，覺得有些不滿意，便建議兒子再看看其他款式的鞋。就這樣，朋友帶著他又試了好幾雙鞋。但奇怪的是，每次試完鞋後不論朋友問他是否喜歡，他都默不作聲。

朋友說：「當著售貨員的面，兒子這樣讓我很下不了臺，我就告訴他說，既然你不說話，那就說明你都不喜歡，那我們明天再到其他百貨公司去買。」

一聽說明天還要逛百貨公司，他的小嘴馬上就嘟了起來，抱怨朋友不尊重他的意見。

朋友則認為兒子又開始耍脾氣，十分生氣，便告誡他如果再這麼無理取鬧，一個月不許碰平板電腦。這下他不再說話了，只好氣鼓鼓的跟著媽媽一雙雙的試鞋。那天為了買一雙滿意的鞋，他們逛到了很晚，才終於買了一雙鞋。

那雙新鞋朋友的兒子只穿了一天就脫下來不願意再穿了。朋友十分不解，追問之下，兒子滿懷抱怨的對他說，早就跟妳說過了，這雙鞋我穿著不舒服，所以就不想穿了。我就知道，每次跟妳逛百貨公司，我都不會買到自己滿意的東西。

朋友這才明白兒子為什麼不願意去逛百貨公司，也才知道在買鞋的過程中，他為什麼會有那樣的反抗，最大的原因就是自己的意願沒有得到尊重。對於一個六歲的孩子來說，儘管年齡小，但已經開始有了自己的審美意識，也開始有意識的選擇自己的衣物、玩具；如果家長按照自己的審美標準為孩子挑選物品時，多數會遭到孩子強烈的反對。

之所以有這樣的經驗，是因為我有過類似的經歷。還記得我兒子三歲的時候，我常常會把他抱在懷中，問他：「告訴媽媽，媽媽長得好看嗎？」

兒子每次都會摟著我的脖子，然後在臉頰上親一口，奶聲奶氣的說：「媽媽漂亮！」

相信很多媽媽也曾像我一樣喜歡兒子誇獎自己，那種滿足總會讓人覺得自己是這個世界上最幸福的人。然而這種幸福並不會持續太久，隨著兒子慢慢長大，我再問他「媽媽漂亮嗎？」這個百問不厭的問題時，兒子總會先嘆一口氣，像個小大人搖了搖頭。等到兒子八歲時，我又重複問了這個問題，兒子打量了我一番，然後鄭重其事的告訴我說：「媽媽，妳該減肥了！」

你看，在兒子不同年齡裡問他同樣一個問題，他會給出不同的答案。在兒子幼年的時候，除了爸爸，媽媽就是他最親近、也是片刻不能離開的人，更是對他最好的人，所以他這時的回答的漂亮往往是等於他心理需要的。而當他稍微成長的時候，他開始有了認知能力，對「漂亮」二字有了自己的看法，並有意識的將自己的情感需求和事物的外在表現區分開來。而這個時候，出於情感需求，他認為媽媽還是像以前那樣漂亮，但同時對於客觀世界來說，媽媽是否漂亮和媽媽在他心裡的位置發生了矛盾，所以他寧可不回答，也不作出判斷。當兒子到八歲的時候，對於很多事物已經有了基本的價值觀，他意識到所謂的漂亮指的是事物的表像，並不能代表對事物的情感寄託，所以他的回答就變得理性起來，客觀的把自己的看到的樣子描述出來，此時他已經化解了與情感需求的衝突。

這是一個孩子的成長過程，也是一個不斷改變自己認知的過程。在孩子幼小的時候，不論媽媽給他買了什麼樣的新衣服，他都會全盤接受並會為此感到高興，因為在他看來，新的就等同於漂亮。但等孩子略微長大，有了屬於自己的審美標準，這個標準不會因為父母的意志而轉移的，這也就是孩子很難接納父母為他挑選衣服的原因了。

在前文中，我的那位朋友就是忽略了孩子的這個變化過程，因此就與孩子產生了溝通上的障礙，這些障礙不僅存在於購物上，也存在在學習、娛樂、飲食等生活的各方面。而要想消除這些障礙，最好的辦法就是與孩子平等交流，並盡可能最大程度的尊重他的想法。只有尊重孩子，才能讓孩子做自己，並贏得他的信任。

放下架子，像朋友一樣與孩子對話

怡青是我的高中同學，也是我多年的閨蜜，每次聚會我們都會交流一些教子經驗。一次，她帶著已經上三年級的兒子來參加聚會。由於好久沒有見面，我們一邊吃一邊聊天，正聊到興奮處，突然聽到怡青的兒子大叫一聲，原來是他不小心打翻了飲料，衣服也弄髒了。

「你是怎麼搞的，怎麼這麼不小心，來的時候我不是告訴過你了嗎，一定要穩重有禮貌。」怡青再也顧不上聊天了，一邊指責兒子，一邊用餐巾紙給他擦拭衣服，「你說你都多大了，喝個飲料都能打翻，我真是服了。」

她兒子不服氣的說：「媽媽，我又不是故意的，你幹嘛老是念我啊？」

「你做得不好，還不讓我罵了？」怡青抬眼瞪了兒子一眼說，「我看你也別吃了，等一會兒讓你爸來接你回家寫作業。」

「我的作業早就寫完了，妳憑什麼讓我回家？」兒子氣呼呼的對怡青說。

「憑什麼？就憑我是你媽媽，你就得聽我的！」怡青說著說著就生氣了，拉著兒子就要回家。幾個朋友見情勢不對，馬上把他們攔了下來，我安撫了怡青兒子幾句，便讓他到一邊玩了。

重新坐下後，本來還心情不錯的怡青就開始對我抱怨說：「我怎麼就生出這樣一個兒子。沒上小學之前還挺聽話的，但自從上了小學之後，他就開始變得叛逆，我還經常被他氣哭。」

我知道，天下當母親的都是刀子嘴豆腐心，現在凶巴巴的對兒子吼，過一會兒就會給孩子做一桌可口的食物。我安慰她說：「其實我覺得你兒子挺懂事的，只是你剛才的態度確實有些不好。什麼我是你媽，你就必須聽我的，哪個孩子聽到這話都會和你對著幹的。」

怡青搖了搖頭說：「有時候孩子調皮，我怎麼說都沒用，只能用命令去要求他。我倒是很羨慕你們母子的關係，就像朋友一樣，不知道妳是怎麼做到的。」

也許出於我的工作原因，朋友們都十分關注我的教育情況，大家也知道我和兒子的關係很好，很少發生衝突。但鮮為人知的是，之所以能有這樣的結果，也是經過我和兒子不斷磨合的。記得兒子幼兒時期，我作為一個新手媽媽，完全處於懵懂的狀態，儘管有不少關於教育的理論知識，但應用到實際中，仍然覺得有些力不從心。

後來在不斷的摸索中，我慢慢發現，若想與兒子進行良好的溝通，最應該做到的一點就是和他成為朋友，而想要實現這一點就需要家長放下架子，和孩子談話而不是講話。談話和講話雖然只有一字之差，但這兩者從對話雙方的身分定位上是有明顯不同的，談話的效果自然也大不相同。「像朋友那樣交談」說的是家長和孩子像好朋友那樣談心，給予了孩子平等的談話身分，在不斷給予積極正確的建議中引導孩子；「對孩子講話」，則體現出家長把自己放在居高臨下的位置，對孩子說一些訓斥的話，兩種交流方式的效果孰優孰劣不言自明。

我告訴怡青說：「要想和孩子拉近關係，妳就得先和他交上朋友。只要妳把他當成朋友了，他自然就不會輕易頂撞妳了。」

一聽我這話，怡青連連擺手說：「我們不可能成為朋友，只能是死對頭。現在當著妳們的面，他還稍微收斂一些，一回家只要我說他一句，他就能回嘴十句，妳說我能和他成為朋友嗎？」

我十分能理解怡青的心情，因為我也曾有過兒子頂撞我的經歷。於是我替她分析說：「妳總是數落你兒子的種種不是，但妳想過沒有，妳兒子反抗妳有很大一部分的原因出自妳自己身上？」

怡青愣了一下，用手指指著自己問：「妳是說我有問題嗎？不可能，在家裡我快把他當成祖宗一樣奉養著了，他想吃什麼就吃什麼，想穿什麼就穿什麼，但最後也沒見他說一句感謝的話。」

「不是他不想說，是妳沒有給他機會。」我停頓了一下說，「不論妳兒子出了什麼問題，妳總是不分青紅皂白就訓斥他，就像剛才妳說的『我是你媽，你就得聽我的』

這句話，這種態度分明就是在壓迫孩子，連解釋的機會都不給他，妳又怎麼能指望他說句感謝的話呢？」

怡青陷入了沉默。

我倒了一杯水，放在她面前，說：「妳呀，什麼都好，就是太要面子。妳羨慕我和兒子能像朋友一樣相處，那是因為我能放下自己的架子，我和兒子的關係是平等的，不論遇到什麼問題，我們都會像朋友那樣坐下來談心，共同尋求解決的辦法，而不是強迫他聽取我的意見。而妳要想和妳的兒子成為朋友，以後除了不和他說那些帶有強迫性的話之外，也要經常陪他一起做些遊戲，這樣他就能完全接納妳。」

怡青雖然沒有反駁我，但還是有些難為情的說：「和兒子平等交流我能做到，但是和兒子交朋友非得透過遊戲嗎？妳看我都多大歲數了，難不成也要像幼稚園那些年輕的老師一樣整天和孩子一起蹦蹦跳跳嗎？」

我被怡青的話逗得樂不可支。我說：「誰說和孩子交朋友就一定得蹦蹦跳跳啊？不錯，和孩子交朋友的方法有很多種，陪孩子玩只是其中一種方式。確實，我們年齡是不小了，但如果妳能做到放下架子，陪孩子一起玩，妳就能得到無比的滿足和幸福。」

說著說著，我突然想起了以前曾陪兒子瘋玩的經歷，不由得笑了出來。怡青莫名其妙的看著我，我告訴她說以前我經常陪兒子一起瘋玩，除了游泳、打羽毛球、踢足球這些運動項目之外，最好玩也最離譜的一次老公星期天去公司加班，家裡只剩下我和兒子。兒子正是喜歡熱鬧的年齡，他向我徵求意見說是想邀請社區裡的幾個小朋友來家裡舉辦一個派對，我很爽快的答應了。

把兒子的朋友請到家裡來之後，我為這些小孩子準備了很多好吃的和好玩的，另外我還把客廳收拾出來當作「迪士尼派對」的場地。派對開始後，兒子扮成了米奇，我則扮成了米奇的女朋友米妮，其他幾個小朋友也分別扮演了不同的角色。

派對一開始就很熱鬧，以至於後來演變成我帶著這幾個孩子扮家家酒，我們一會兒去旅遊，一會兒去別人家串門，一會兒又賣東西……整整一天，我們扮演了無數了個角色，把家裡能用的物品都用上了，甚至連老公的西裝也被幾個孩子穿在身上。那天我好像回到了小時候和朋友們一起玩扮家家酒的童年時代，最後笑到肚子都痛了。

怡青似乎也聽得入了神，見我停了下來，便問道：「後來呢？」

「後來老公回來一看家裡亂成了一鍋粥，眼珠子差點掉下來，氣得他一直說我這麼大歲數了還跟著孩子一起胡鬧。」我又想到了老公那張無可奈何的臉，說：「不過老公的犧牲也是值得的，後來我和兒子的關係越來越好，不論遇到什麼問題，他都會和我商量。這就是我和兒子關係要好的最大祕訣。」

怡青好像被我的這段簡單而愉快的經歷打動，她沉默著似乎在想該陪兒子玩什麼遊戲……

其實，在與父母溝通方面，每個孩子的要求並不高，他們只是需要家長能像朋友一樣傾聽自己的心聲，記得企業家李開復在談起教育子女時說過：「家長如果在孩子面前只是一位高高在上的長輩，把孩子作為成人的附屬品，孩子就會變得保守、膽小、被動和聽話。這種孩子在三十年前的企業是受歡迎的，但是今天已經過時了，如今我們希望培養的孩子是快樂的、樂觀的，是能夠信任父母、能夠彼此傾訴、能夠愛自己也能愛別人的人。所以，我作為爸爸總是告訴自己要放下架子，像一個朋友一樣，拿出時間跟孩子瘋玩，讓孩子有話都跟我說。」

所以，我們作為家長如果能夠放下架子，透過各種方式成為孩子的朋友，孩子也才能真正的向我們敞開心扉，從而得到健康的成長。

先肯定後批評，批評才能奏效

記得兒子上幼稚園時，經常是我接送他上下學，時間長了和幾乎和幼稚園每位家長都很熟悉了。一次，我送兒子上學的時候，一位媽媽向我大倒苦水，說他兒子調皮到了幾乎讓人無法忍受的地步，每天都會把整個幼稚園鬧得雞犬不寧，不是把幼稚園的玩具拆得七零八落，就是用米飯作畫……這位媽媽每天都要跟在孩子屁股後面不斷的糾正兒子的錯誤。

其實，這位媽媽抱怨的種種事情，我兒子至今都在做，只不過沒有那麼頻繁而已。對於孩子來說，犯得大多數錯誤多是無心之舉，這是因為孩子是好動、對這個世界充滿了好奇的，所以在本能的趨使下，他會用所有的感官去感知身邊的一切事物。而在這個過程中，孩子在犯各種錯誤的同時，也會在嘗試中得到成長。所以，為了讓孩子得到更好的成長，家長在面對孩子的錯誤時，應該根據實際情況肯定孩子，然後再提出批評與意見，如此一來，孩子在意識到錯誤的同時，也能夠接納我們的建議並也能得到成長。

兒子十分喜歡小動物，五歲的時候養過包括小兔子、金魚、小貓等不少小動物，但不知道為什麼，不論兒子如何悉心照料這些小動物，這些小動物最後都會莫名其妙的死掉，每次他都會哭得很傷心。為了保護兒子的童心，我讓老公買一隻烏龜回家並告訴兒子：「之前那些小動物並沒有死，因為牠們覺得老是當同一種動物實在沒意思，所以都會嘗試變成其他小動物。這隻烏龜就是其他小動物變成的。」

兒子深信不疑，我長舒一口氣。

沒幾天，兒子就忘記了之前養過的小動物，和烏龜交上了朋友，每天從幼稚園回來的第一件事情就是和烏龜說一會話，然後才去做別的事情。

這天，我把兒子從幼稚園接回家，然後忙著煮飯。煮飯途中，忽然從客廳傳來兒子一聲驚叫，我以為兒子出了什麼意外，慌張之下把鍋鏟扔掉跑到客廳一看，兒子好端端的站在養著烏龜的水缸中，我這才放下心來。

兒子一見我出來，指著水缸說：「媽媽，小烏龜死掉不會動了！」

我過去一看，本來不大的水缸已經快被注滿了水，烏龜靜靜的爬在缸底，一動也不動。我把手伸進水中，打算把烏龜撈出來，但剛接觸水面，我卻被燙得直縮手：「水缸裡居然是熱水！」

「你竟然往裡面倒熱水！你是怎麼想的？」剛剛的驚嚇讓我失去控制的同時，也讓我覺得兒子太殘忍了！

兒子一見我發火了，突然大哭了起來，一邊哭一邊說：「我剛才逗烏龜，看它一副生病的樣子，我以為是裡面的水有些涼，所以就給往裡面倒了熱水。沒想到牠就不會動了，媽媽，牠會不會是死了？」

了解到事情的原委之後，我發現我錯怪兒子了。我平復了一下情緒，蹲下來一邊為兒子擦眼淚，一邊安慰他說：「對不起兒子，媽媽剛才錯怪你了！不過放心吧，小烏龜是不會死的。記得上次我和你說過的話嗎？牠只是不想當烏龜了，或許牠明天就會以其他小動物的模樣來我們家了呢！」

老公下班回家的時候，兒子已經恢復了平靜。我悄悄的把剛才的情況和他說了一遍，徵求他的意見，到底要不要繼續為兒子買其它小動物。我之所以猶豫，一是因為我也不忍心看到那些可愛的動物死掉，二是我擔心下一次兒子會不會再來一次好心辦壞事，無意間又導致小動物死亡。

老公思考了一會兒說：「我知道兒子這次犯錯是無心的，但我們不能就此逃避呀！妳平時不是宣導要讓孩子從錯誤中成長嗎？我相信，如果我們幫助兒子認識到這次錯誤，並讓他學習一些養育小動物的經驗，我相信不會再發生這種事情了。」

我也覺得有道理，便同意了老公的建議。吃過晚飯後，我對兒子說：「兒子，你很有愛心，這一點媽媽非常贊同。不過有的時候，如果方法不對，你的愛心也會傷害到小動物。所以如果你不希望下一隻小動物突然離開你，你就要依照媽媽教給你的方法去養育牠，如果遇到不知道怎麼辦的時候，就來找媽媽商量。這樣就能讓小動物永遠留在家裡了！」

兒子認真的點了點頭。我見時機成熟，便找出事先從網路上找好的關於烏龜的養育方法和圖片，然後用通俗易懂的方法講給兒子聽。

第二天，老公重新為兒子買了一隻烏龜送給兒子，並說了一個美麗的謊言：「昨天那隻烏龜覺得你很有愛心，所以決定再變回一隻烏龜來陪你！這次你可不能再傷牠的心啦。」

經過這件事情，以後不論養什麼小動物，都很少出現死亡的情況，而且在我和老公的培養下，兒子掌握了不少養育小動物的經驗和知識，這真是令人欣喜的一件事情。

我之所以分享這件事情，是因為我開始意識到，如果因為孩子做錯了事情，我們不追尋錯誤的根本原因就妄加批評的話，往往會錯怪孩子。比如我們讓孩子畫一個太陽，孩子卻畫出了一個藍色的太陽。如果此時我們立刻糾正孩子說這不符合常理，那麼我們可能就無法聽到孩子接下來會驕傲的說：「我從海水裡看到的太陽是藍色的，所以我就把太陽畫成了藍色。」

再退一步說，如果孩子真的因為個人原因而犯一些錯誤，身為家長也不應該直接提出批評。如果直接指責孩子，可能會激起孩子的叛逆之心，到時候恐怕不僅不會接納我們的建議，甚至還會直接抗拒。想要讓孩子意識到的錯誤並改正，最好的辦法之一就是先肯定後批評。

美國心理學家詹姆斯精闢的指出：「人類本質中最殷切的要求是渴望被肯定。」孩子如果犯了錯，只要我們不急於批評，先了解孩子犯錯的心路歷程，然後讚揚孩子的某方面優點，完全可以讓孩子認識到錯誤，引領孩子成長。

以孩子愛聽的方式講道理

每天晚上睡覺前，我都會和兒子進行十幾分鐘的「睡前談話」，有時候聊一聊他在學校發生的事情，有時候說一說彼此內心真實的想法。有一次，我們聊到了自己最不喜歡的事情，兒子告訴我，他最不喜歡的事情，就是聽我講道理。

經兒子這樣一說，我仔細回想了一下我跟他將大道理時的情形。剛開始幾句還聽得進去，但是到了後面基本就是我在一旁說得唾沫橫飛，而他人雖站在那裡，思緒卻早已經不知道飄向何方了。為此，我還曾多次責備他態度不佳。原來，壓根不是態度的問題，而是人家壓根就不喜歡，不喜歡又怎麼能接納呢？

但是道理又不能不講，怎麼講呢？只能以孩子愛聽的方式去講了。從此，我就在開始在探尋兒子喜歡怎樣講道理的路上一去不復返了。

第一次嘗試，便是以講故事的形式。那天，我帶著兒子在遊樂場玩耍，因為想玩同一個小汽車，兒子與另外一個年紀小比他的男孩爭搶了起來，因為搶不過，那個小男孩放聲大哭起來。我連忙走上前勸阻兒子，希望他能夠將小汽車讓給小弟弟，但是兒子的倔脾氣也上來了，氣呼呼的對我說：「是我先拿到的。」我跟他說「尊老愛幼」的道理，他卻跟我講「先來後到」的道理，就在我不知道如何是好的時候，小男孩的媽媽及時抱走了小男孩。

當天回家後，我就一直在思索怎樣將「愛幼」這個道理輸送到兒子的腦海裡。晚上，兒子拿著書讓我給他講睡前故事的時候，我靈機一動，不如就即興編個故事吧。故事的內容是一個開始不知道謙讓其他小朋友的小豬，在大樹伯伯的啟發下，變得懂得謙讓，然後成為了森林裡最受歡迎的小豬。故事講完後，兒子似乎想到了在白天的行為，立即向我承認錯誤道：「媽媽，我今天不應該跟那個小弟弟搶汽車玩。妳會不會因此不喜歡我了？」

看著教育的目的已經達到，我一把摟住兒子，笑著說：「不會的，媽媽會因為你的行為而生氣，但是絕對不會因此而不愛你。你是我的寶貝，我會永遠愛你。」

聽了我話，兒子放心的睡著了。這是第一次，兒子沒有對我所講的道理，表現出「叛逆」的心理。但是隨著兒子年齡的增長，他識破了我的「詭計」，當我再在他犯錯之後，跟他講蘊含道理的故事時，兒子就會提出抗議，「媽，妳又變相的給我講道理！」於是，我再次回到了直接講道理的道路上。但我發現，上了小學以後的兒子，想法更加獨立了，不但會嫌我囉嗦、嘮叨，還會反駁我，大有一副「我不停止，他不住嘴」的趨勢。就在我一個頭兩個大的時候，一句話拯救了我，那句話的大致意思是，跟孩子講道理前，不妨先理解下孩子的行為。這句話讓我茅塞頓開，是啊，我們並不是處在一個非黑即白的世界中，我們每次都把自己認為正確的道理強加在孩子身上，卻忽略了孩子行為背後的真實想法，這樣又怎麼能不引起孩子的反抗情緒呢？

有了這點認知，當兒子對我說：「媽媽，我不喜歡新來的英文老師」時，我的第一反應不是跟他講應該如何「尊師重道」，應該用什麼樣的態度面對學習這樣的大道理，而是先用「共情」取得孩子的信任。

「是嗎？這很正常。媽媽上學時，也有不喜歡的老師。」我一邊挑菜，一邊不以為然的說。

這招果然管用，兒子連忙追問道：「那妳怎麼做的？是不是想辦法把她給氣走了？」

在兒子滿懷期待的眼神中，我令他失望的搖了搖頭，「我可沒有那麼大的膽子。」這樣說，是為了告訴兒子，不要因為討厭老師，就讓自己變成一個淘氣的孩子。然後我又接著說：「我頂多就是在她的課上打打瞌睡而已。」

「那後來呢？」兒子不死心的接著問。

「後來我考出了史上最差的成績，回家後被你外婆狠狠的教訓了一頓。」

「啊！」這顯然不是兒子想要的答案。但是我的目的卻達到了，透過我自身的經歷，讓他明白了即便不喜歡一個老師，也不能因此而耽誤課業。

然後我適時的問道：「你為什麼不喜歡你的英語老師呢？」

「因為她取代了陳老師。」兒子不滿的說。

這也能成為討厭一個人的理由？孩子的世界還真是難以捉摸。我心裡暗自想到。

「那你打算怎麼辦呢？」我問兒子，可是等了很久，他也沒有回答，因為他也不知道能怎麼辦，因為媽媽之前剛剛說過「不能讓老師生氣，也不能不聽講」，除此之外，還能有什麼辦法呢？

「那不如你再等等？說不定就會發現這個老師也不錯呢！」我建議道，然後又接著說：「我記得當初我討厭的那個老師，在發現我成績下滑後，不但沒有責罵我，還特地加班給我補課呢！」

果然，距離這次談話還不到一週的時間，兒子就向我表示：他不再討厭這個英語老師了。

曾經我認為，講道理是對付孩子最沒有用的方法，但是後來我發現，並不是沒有用，而是我們不會用，溝通的祕訣在於先理解和肯定對方，尤其是對於孩子，喜歡聽肯定和表揚遠遠大過於被罵和被講道理。所以，當面對孩子不願意聽你道理時，我們不妨先停下來，聽聽孩子的心聲，然後站在孩子的角度上去看待這個問題，最後再提出自己的建議，這樣講「道理」，相信每個孩子都不會再反抗了。

讓孩子把話說完，不中途打斷

在我身邊有很多家長，都屬於「只許州官放火，不許百姓點燈」的父母，他們要求孩子要「多聽少說」，但自己卻很少有耐心聽孩子講話；他們要求孩子「在別人說話的時候，不要插嘴」，但是卻無法做到不打斷孩子正在說的話。怡青就是這樣的一位媽媽。

那天，我剛剛把兒子從學校接回家，就接到了朋友怡青的電話，她的兒子離家出走了，讓我過去幫她找孩子。原因是在學校的時候，怡青的兒子將幾個男同學的書包扔進了垃圾桶了，被告到了老師那裡，老師便將怡青叫到了學校。當著老師的面，怡青沒有聽兒子解釋，就將兒子狠狠的罵了一頓，結果一出辦公室，孩子就自己跑開了，怡青喊了半天也沒喊住，一眨眼的功夫，孩子就消失在了她的視線了。

當我氣喘吁吁的趕到怡青家中時，發現小傢伙已經自己回家了，而怡青正在劈頭蓋臉的訓斥孩子：「我是讓你到學校讀書的，還是讓你去惹事生非的？」

「我沒有……」孩子想要開口解釋，卻被怡青粗暴的打斷了。

「我養你這麼大，說你幾句就不高興了，還離家出走！」怡青越說越生氣，孩子想解釋的欲望也越來越低，眼淚就在眼眶裡面打轉。

「妳為什麼不讓孩子把話說完呢？」我走了過去，拉住怡青的手問道。經過我的提醒，怡青才意識到，似乎應該給孩子一個解釋的機會。「好，現在我就讓你說說，你為什麼把同學的書包扔進垃圾桶？」

「那幾個男同學欺負班上的女生，把她們的書包放進男廁所，我看不過去，才把他們的書包也扔進垃圾桶的！」孩子一臉正義的回答。

孩子的回答，讓怡青哭笑不得。

「妳到了學校，不問問我就責罵我。我一氣之下就先跑了，但是走在路上又害怕妳擔心，所以又回來了！」

孩子一股腦將自己想說話的話都說了出來，怡青聽到了孩子的心裡話，也不再生氣了。伸手在她兒子的頭上摸了摸，表示出了她的愧疚之情。很多媽媽總是認為孩子年紀小，不懂事，因此不管遇到什麼事情，都根據自己的主觀判斷下定論，對於孩子的解釋，稍不如意就會打斷孩子，輕則訓斥，重則打罵，孩子只能將到了嘴邊的話給收回去，往往到了最後家長才發現事實並非自己所想像的那樣。

在親子溝通中，媽媽總是溝通過程中主動的一方，因此常常會不由自主的指責、埋怨孩子，認為孩子做的總是不對，眼前的問題還沒有解決，就又想起孩子一堆「不是」，認為孩子的一切解釋都是「藉口」，因此「新帳舊帳」一起算，很少會靜下心來，聽一聽孩子要說什麼，或是讓自己有足夠的耐心讓孩子把話說完。人的思想往往需要透過語言表達出來，如果媽媽不願意傾聽孩子的心聲，怎麼可能全面的了解孩子呢？不了解孩子，與孩子溝通時又怎麼會順暢呢？

因此，當孩子犯了錯誤時，與其呵斥、打罵孩子，不如耐心的聽孩子解釋一下，讓他把理由說出來。其實，有時候孩子並不是我們想像的那樣。即使孩子真的做錯了，我們也不要大罵一通，而是應該與孩子一起分析事情的對錯，一起尋找正確的解決方法。這樣，孩子才能夠正確認知到自己的錯誤，並虛心接受我們的批評和建議。

教育家說道：「若想和孩子溝通，就必須學會傾聽。傾聽是和孩子有效溝通的前提。不會或者不知道傾聽，也就不知道孩子究竟在想什麼，連孩子想什麼都不知道，談何溝通？」

有一次，我跟兒子在公園裡散步，當我們談到理想時，兒子忽然興奮的對我說，他想當一名小偷。初聽到這個答案我大吃一驚，以為是最近看得一個關於「神偷」的卡通對兒子產生不良的影響，當下就決定好好的「教育」兒子一番。但看著兒子一臉天真無邪的樣子，卻突然強烈的想弄清楚兒子怎麼會如此想法，或許他跟我想得不一樣呢？這個念頭閃過之後，我將到了嘴邊的話，又收回到了肚子裡。

還沒等我問「為什麼」，兒子自己就說了：「如果當了小偷，就能給失明的老奶奶偷一縷陽光，還能給路邊受凍的乞丐偷一些溫暖……」兒子滔滔不絕的說了很多，我再一次吃驚不小，這一次卻是為了兒子豐富的想像力。

如果我一開始沒有忍住自己的脾氣，粗暴的打斷了兒子的話語，不但會讓孩子感到委屈萬分，而且以後他再有什麼新奇美妙的想法，也不會分享給我了。

孩子的心靈都是純潔而真誠的，不加任何掩飾，當他們表達出一些令人氣惱的想法時，作為媽媽，我們首先要做的，就是先聽聽孩子接下來會說些什麼，千萬不要自以為是的打斷他們的話語。義大利著名教育家蒙特梭利說過：「對成人而言，兒童的心靈是一個難解之謎。我們應該努力的探尋隱藏在兒童背後的那種可理解的原因。沒有某個原因，某個動機，他就不會做任何事情。」

從另一個方面來說，孩子雖然年紀小，但他們也希望自己能盡情的表達內心的感受，闡述自己真實的看法。給孩子話語權，耐心的聽孩子把話說完，不要中途打斷孩子，其實也是在提高孩子的語言表達能力，而語言表達能力又是社會交際能力的重要體現。一個自己說的話總是能夠被媽媽重視的孩子，他的自我表達能力會越來越棒，反之則會越來越差，這會直接令孩子在與人交流時出現社交障礙，久而久之就會產生自卑情緒，變成一個沉默寡言，不善言辭的孩子。

為了與孩子建立起順暢的溝通，我們就要時時刻刻的提醒自己：「讓孩子把話說完！」只有這樣，才能讓孩子感受到媽媽的重視，才能真正的和媽媽做朋友。

第三章　與孩子一起面對挫折

看淡榮譽，有效避免孩子受傷

不知道從什麼時候起，成人之間的競爭延伸到了孩子們之間的競爭。從出生起就要喝進口的牛奶，似乎這樣智力才能高人一等，從幼稚園起就要上私立，似乎這與今後能不能上清大臺大有著直接的關係。我也曾是這隊大軍中的一員，從兒子出生起，他的吃喝用度我全都盡自己所能給他最好的，生怕孩子從一出生起就輸給別人。每次開車經過明星小學，看見那些穿著校服井然有序的從校門走出來的小學生，我就覺得他們頭上閃耀著「榮譽」的光環，他們日後必定成才。直到一件事的發生，徹底改變了我的看法。

那時候我兒子還小，但是朋友家瑩的女兒已經要上幼稚園了，為了讓孩子能夠上私立的好幼稚園，夫妻倆提前一年就開始籌備，各種託關係走後門，結果都沒能達成目的。逼不得已之下，二人一狠心將新婚才買沒多久的房子賣了，然後買了一處學區中古屋，原以為萬事俱備只欠東風了，卻沒想到那一年幼稚園忽然改變了選拔方針，由「按學區分配」改為「考試」。儘管家瑩在考試前教了不少知識給孩子，但是孩子還是沒能在幼稚園的面試上過關。

當天，我坐在他家狹小的客廳裡，聽著他們夫妻二人長吁短嘆，我勸說道：「上其他幼稚園也是一樣的！」卻沒想到此話一說出口，一直坐在一邊小板凳上看故事書的孩子忽然大哭起來，那傷心程度不亞於自己最喜歡的洋娃娃被送給人了。

孩子的哭泣讓我們都感到莫名其妙，細問之下，才從孩子斷斷續續的語言中得知，孩子不願意上普通幼稚園，因為那會讓她感到很丟臉。孩子的哭聲忽然喚醒了我，這麼小的孩子她怎麼會懂得幼稚園的好與壞，並能夠理解何為「丟臉」呢？這種「要強」的心態，難道不是父母灌輸給她的嗎？朋友二人從一開始到現在為孩子所做的忙碌與努力，孩子全部看在眼睛裡，從而在不適宜競爭的年齡，被捲入無節制的競爭中；在尚不具備抗挫折的年齡，被成年人搞得心理失衡。這勢必會造成孩子過度看重榮譽，如果不能達成所願，就會產生「挫敗感」。如果我再不改變心態，那下一個哭泣的是不是就是我兒子呢？

轉眼間，兒子也到了上幼稚園的年齡，我並沒有像朋友一樣一定要讓兒子上明星幼稚園，只是為了大人接送方便，將兒子送往了離家最近的普通幼稚園。當我正為了兒子沒有捲入到這場「幼稚園競爭」的漩渦欣喜時，幼稚園的老師給我打來了電話，兒子發燒了。

我著急的趕到了幼稚園，老師早已等在了門口，一見到我就拉著我的手說：「現在是冬天，教室裡的暖氣開得特別強，孩子們一進門我就讓他們脫掉衣服，但是你家的孩子卻死活不脫。今天中午吃飯時，我就發現孩子有點不正常，兩個臉蛋紅得像火球一樣，我一摸燙得嚇人，就趕快打電話給你了。」說著話，就到了教室門口，我一眼就看見了蜷縮在角落裡的兒子，他依舊穿著厚厚的羽絨服，趴在桌子上沒精打采的。

看見我來了，兒子有氣無力的叫了聲媽媽，我也來不及回答他，抱著孩子就去了醫院，經過診治，兒子竟發燒到四十度，醫生先是說幸虧送來的早，接著就開始責怪我了，「小孩子不至於燒這麼高，妳是不是給孩子穿太多了？」說完，指了指兒子身上的毛衣，而我早已經熱得將衣服脫掉拿在手裡了。

此時，我才想起老師所說的話，試著勸說兒子將毛衣脫下，並問他為什麼在幼稚園裡不願意脫衣服，兒子這才告訴我，因為他怕穿衣服會影響速度，讓他沒辦法第一個出教室舉旗子。我忽然想起，每次去幼稚園接兒子，兒子都是站在隊伍的最前面，然後手中舉著一個小旗子，那樣子別提多神氣了，我還為此特地誇獎過他。卻沒有想到，兒子為了舉那面小旗子，每天上課寧可熱著，也不肯脫衣服。

兒子的舉動讓我哭笑不得的同時，也意識到了，雖然我刻意淡化了「競爭」的意識，但是整個社會環境還是這樣的。就拿幼稚園讓第一個出來的孩子舉小旗子這件事情來說吧，對孩子而言，那面小旗子就意味著「第一」，意味著「榮譽」。相信每天放學後，孩子們都會拚命的盡快收拾好自己的東西，然後去搶那面小旗子，也正是如此，才「逼」我兒子想出了「不脫衣服」的「絕招」，兒子不肯跟老師說明也是這個原因，他怕老師告訴其他人，怕自己會失去這個「榮譽」。我想老師的本意是好的，意在鼓勵孩子們不貪玩、不拖拖拉拉，但是卻無形中讓孩子們感受到了「競爭」的壓力。家長們又何嘗不是如此呢？家長是好意，以為這樣孩子就能沐浴在「榮譽」的光環中長大，成為受人敬仰的人物，殊不知，讓幼小的孩子去競爭，不是再給孩子添加助力，而是阻礙了孩子的成長。那些在競爭的焦慮氛圍下長大的孩子，那些被迫進入競爭軌道的孩子，相比那些在輕鬆的環境下長大的孩子，更容易出現無力感、自卑感和心理失衡，而這些都將成為他們成功路上的「絆腳石」。

事後，我試圖說服兒子上課期間脫下毛衣，否則還會再生病，但是兒子卻死活不從。眼看著我的耐心就要一點一點被消磨掉，老公一語點醒了我，他說：「問題的根源不在孩子身上，你試著跟幼稚園老師談談，看能不能換一種舉旗子的方式。」

是呀，如果不讓最快出去的那個人舉旗子，那兒子上課穿著毛衣不就沒有任何意義了嗎？

第二天，我就向老師說明了這件事。得知孩子生病的原因竟與舉旗子有關，老師愧疚不已，並承諾一定想出一個更好的辦法來。後來老師想了什麼辦法，我不得而知，總之兒子終於肯脫掉毛衣上課了。

這樣的行為，在兒子後來的成長中，我又做過幾次。比如：誠懇的要求老師適當減少給兒子的小貼紙數量，並盡量少當眾表揚兒子，甚至有一次還希望老師不要總是讓兒子擔任一些主持人、班級幹部之類的角色，相較於這些，我更希望老師能夠多讓孩子參與到社會活動、體育工作中。起初，老師們對我的要求都感到很不可思議，因為還沒有家長這樣要求過。有的家長甚至會透過送禮這樣的事情，為孩子在學校謀個「一官半職」，而我卻反其道而行。但是在短暫的詫異之後，老師們都非常贊同的我的做法，並且配很積極的配合。

剛開始的時候，兒子因為小貼紙沒有其他小朋友多而失落了一陣子，也會因為沒能得到老師的表揚而心有不甘，但每次我都會耐心的開導他，告訴他那並不重要，重要的是他努力過了，而努力是為了讓自己更加優秀，而不是為了得到某種獎勵。

英國教育家尼爾說過，「所有的獎品、分數和考試都會妨礙正常性格的發展。」社會心理學研究也證實，競爭是挫折的重要來源之一，痛苦和挫折常常會引起敵意。

慶幸的是，在我不停的人為製造「麻煩」後，兒子在一年紀下半學期落選班長後，並沒有表現出多大的失落，反而有種「自得其樂」的灑脫，用他的話說，節省了為班集體效力的時間，卻多了自己玩耍和學習的時間，未嘗不是一件好事。

幫孩子戰勝羞怯這顆「絆腳石」

在一次週訓練營的活動中，為了讓孩子們盡快熟絡起來，我想出了一個「破冰」遊戲。對於遊戲孩子們都很熱衷，但是有一個小男孩，卻死死抓著媽媽的衣角，要求媽媽跟他一起上來做這個遊戲。他媽媽看了看其他的家長，不是坐在一邊觀看，就是拿著手機給孩子拍照，所以拒絕小男孩道：「這個遊戲不允許大人參加，所以媽媽不能陪你去。」

孩子的眼中流露出對遊戲的渴望，但是行為上卻依舊不敢向前走一步。看著大家都在等他，男孩的媽媽有些著急了，不停的用手推著男孩說：「快點去呀，就等你了。」但男孩的媽媽越是這樣做，男孩就越是向後退。

「你看你，怎麼這麼膽小呀？」男孩的媽媽不滿的批評道。

但是這句話並沒有起到任何實質性的作用，男孩不但沒有向前走一步，反而還躲到了媽媽的後面。

「你要這樣的話，下次別來了！」男孩的媽媽有些生氣了，她使用了典型的負面語言。聽到這樣的話，男孩徹底的放棄了「掙扎」，他不再時不時的看一下臺上，而是完全低下了頭。

在這個時候，家長很著急，但是孩子的心裡也並不好受。如果說家長在這個等待的過程中感覺到十分丟臉的話，那對孩子而言，就是一種煎熬了，如果地上有縫，我想他會毫不猶豫的鑽進去。曾經有個九歲的小女孩，在談起害羞時的感覺時說道：「那種感覺就像是被某種魔力控制著，快要窒息了。」可見，害怕、羞怯對於孩子而言，是一種極為不舒服的體驗。

於是，我走到一個年齡較大，看起來很有「安全感」的男孩面前，附在他耳邊悄言了幾句，大男孩就點著頭離開了自己的位置，走到了那個小男孩的身邊，伸出手對小男孩說：「我陪你一起去。」大男孩的表情真摯，話語誠懇，小男孩思索良久，終於試探著將手伸了出來。

從心理學的角度來看，羞怯是一種情緒，每個孩子都有過羞怯的經歷，只是時間長短不同而已。對於孩子而言，偶爾的羞怯是十分正常的現象，但是不管遇到什麼事情，都用害怕與羞怯來面對，那就需要我們及時的引導孩子了，否則這種羞怯的心理會陪伴孩子一生，讓孩子無法面對成長過程中的種種挑戰。羞怯會讓孩子不敢與其他孩子一起玩耍，會讓孩子不敢在課堂上舉手發言，會讓孩子不敢高聲說話，還會讓孩子失去自信，在困難面前畏畏縮縮。更加重要的是，大部分羞怯的孩子，他們並不是不會或是不懂得如何解決眼前的問題，相反的，他們可能更加聰明，而且也更加渴望成功，渴望擁有更多的朋友，只是他們不敢，因為他們害怕失敗，害怕被人嘲笑。而這些「失敗」與「嘲笑」僅僅是孩子們臆想出來的「假想敵」。

如果孩子總是沉浸在這種想像的「困難」中，不敢邁出前進的步伐，又怎麼能夠做到戰勝真正的困難，取得成功呢？心理學家在治療了許多害羞、膽怯的人後，得出結論：面對孩子們的羞怯，強制與逼迫只會讓情況更加糟糕，與此相比，他們更加喜歡鼓勵。

對於羞怯的孩子而言，他們總是喜歡盯著或是放大自己的不足和缺點，而對自己取得的進步卻視而不見，或是覺得不足掛齒；這跟自信的孩子恰恰相反，自信的孩子會更多的關注自己的優點和進步，而非自己的缺點與不足。而羞怯與自信之間的距離，和家長在平日裡的引導不無關係，當家長總是注意著孩子的缺點和不足時，孩子也難以對其視而不見，而當家長淡化孩子的缺點和不足時，孩子就會擁有一顆平常心。而家長能夠淡化孩子缺點和不足的根本，在於家長心中能不能夠對孩子發自內心的欣賞。

我有一個從小一起長大的朋友，她並非是那種出類拔萃的女孩，但是她對自己的認可度卻非常高。小時候，學校舉辦表演活動，她總是毛遂自薦的那一個。比她特長多的同學雖然有很多，但有她這樣勇氣的卻很少。長大後進入職場也是如此。雖然無論是在學校裡，還是在公司裡，她都沒有成為最好、最優秀的那一個，但是她身上的自信，卻讓她一直生活在快樂和幸福中。

這一切皆源於她有一個讓人羨慕的媽媽。在我的印象中，每當她的媽媽談及她，談論的都是對她的肯定，不是說她心靈手巧，就是說她乖巧懂事。而所謂的心靈手巧，不過是用廢紙折了一隻小船，所謂的乖巧懂事，不過就是將吃完的瓜子殼倒進垃圾桶。這些在其他父母眼中理所應當的事情，在她媽媽的眼中，都是女兒身上的優點。

一個總是能夠得到父母肯定和鼓勵的孩子，他想不自信起來都難。而一旦孩子自信了，他心裡的那些「假想敵」都會通通消失不見，他不再害怕自己會失敗，不再害怕自己會被別人嘲笑，因為他認為自己能夠做得很好，並會得到別人的肯定，就像得到媽媽的肯定一樣。

告訴孩子，這個世界有殘缺

對於虛假、醜惡、暴力、死亡和血腥，我們總是諱莫如深，尤其是在孩子面前，我們總是試圖掩蓋這個世界的黑暗面，以為這樣就能讓孩子享受陽光普照的溫暖。但我們卻不曾想到，一味的接受陽光普照的人，當有一天要他去面對黑暗時，他又該怎麼辦呢？

不管是在父母的口中，還是在電視上、書本上，要不就是壞人是不存在的，不然就是即便存在也總是能被好人制服，然後被關進大牢。但在現實生活中卻並非如此。與其遮遮掩掩，欲蓋彌彰，倒不如用客觀的態度，讓孩子在相信世界是美好的同時，讓他們知道在這美好之中也會有殘缺的存在。

我的兒子在成長過程中，曾經「丟」過一次，當時那種「失去」的恐懼，至今想起依舊能夠讓我冒出一身的冷汗。那天，我因為有事耽誤了接孩子放學的時間，當我趕到學校時，兒子卻沒有在原先約定好的地點等待我，我找遍了整個校園，問遍了所有的老師，都沒有發現兒子的身影。頓時，腦袋就開始「嗡嗡」作響，感到陣陣暈眩，我雙手發抖的掏出手機，把這一切告訴了老公。不到十分鐘，老公也趕到了學校，我們報了警，然後老公沿著學校周圍尋找，我先回家等待，也許兒子會自己回家。

就在我回家坐立不安的等了大約半個小時後，隱約聽到了敲門聲，我一個箭步衝到門口，打開門，兒子站在門外，書包帶斜掉下來，校服的拉鏈也被扯開了。那樣子，就像是剛在外面玩瘋了後回來。兒子看到我，小嘴一癟，不等我開口詢問，他就先哭了起來。霎那間，之前產生的恐懼、焦慮、擔憂、生氣……情緒在那一刻全部化為了心疼，我連忙將兒子攬進懷裡，順便通知老公兒子已經回家了。

等兒子的情緒平復了，他才跟我講起了從放學到回家這段時間內，他究竟去了哪，做了什麼。原來，兒子放學後就站在門口等著我，就在大家都走得差不多的時候，他看到一個小孩坐在路邊哭，一向熱心的兒子連忙走上前去，一問得知這個小孩和媽媽一起出門，但是卻在半路跟媽媽走散了。兒子一聽，便拍著胸脯說：「哥哥送你回家。」就這樣，順著小孩星星點點的記憶和並不完整的敘述，兒子帶著小孩在街上兜兜轉轉了好幾圈，也沒能將小孩的家找到。情急之下，兒子忽然想到了警察叔叔，於是便帶著小孩站在路邊等待，等了很久，才看到一輛警車經過，兒子連忙將警車攔了下來，然後將小孩託付給了警察，當警察表示要送他回家時，兒子卻拒絕了，因為兒子以為我還在學校門口等他。然而，出乎兒子意料之外的是，當他按照原路返回到學校的時候，卻沒有看見我的蹤影，等了許久，兒子才決定自己走回家。

聽完兒子的敘述，我渾身再次冒起了冷汗，腦海裡浮現出自己看到的一些關於拐賣兒童的新聞，很多人口販子為了引誘其他小孩上鉤，會故意用孩子做誘餌，謊稱自己找不到家了。這時，無論其他孩子還是大人伸出援手，等待他們的都是即將被拐賣的陷阱。如果那個小孩也是「誘餌」，那我恐怕就再也看不到我的兒子了。想到這裡，我把兒子抱得更緊了，生怕失去他。

事後，我進行了反思。兒子很小時，我便教育他做一個好人，而對於這個世界上存在的壞人，我卻絕口不提。我天真的以為，只要我保護得夠好，兒子就不會遇到壞人，甚至以為當孩子成長到一定的歲數，他自然會認清這個世界，並自然而然的產生出抵禦「醜惡」的免疫力。但我卻忽略了，每天網路上出現的那麼多被拐賣的孩子，或是被陌生人傷害的孩子，他們又何嘗不是跟兒子一樣，但是他們卻沒有隨著年齡的增長而加深對這個社會的認識，反而會因為太過純真而聽信壞人的讒言。

那天以後，我便在有意無意間讓孩子接觸到一些世界不完美的一面，比如：戰爭、欺騙、虛假、醜惡等。當然，兒子起初也會無法接受，但是我會告訴他，我們既然享受著陽光的普照，同時就得接受陰影的存在。太陽再厲害，也總也它照不到的地方。漸漸的，兒子不再天真的以為世界上都是好人，壞人都被警察抓起來了，他明白世界上還有很多壞人，但是也明白好人更多。

人生也好，生活也好，有時候就猶如一枚硬幣，有正面，就有反面，我們不能只讓孩子看到正面，卻不讓他們看到反面。世界本身就是不完美的，存在著不盡如人意的遺憾和醜惡，孩子對此需要有免疫力，這樣他們才能擁有克服社會中種種不如意的能力，才能知道在大千世界中如何進行自我保護。

挫折面前，允許孩子脆弱

我們一直接受這樣的教育：堅強是對的，脆弱是錯誤的。所以當我們因為遭遇了挫折而哭泣時，得到不是安撫，而是「禁止令」——「不許哭！」，因為哭是沒出息的表現。我能理解作為家長想要培養出堅強的孩子的心情，但是矯枉過正就不對了。

我們不能只想著要讓孩子養成堅強的性格，就忽略了孩子內心的真實感受。當孩子遇到挫折，經歷失敗時，他們的內心首先是委屈和無助的，哭泣和難過是再正常不過的表現。如果我們不允許孩子表現出脆弱的一面，那麼他們就會因為脆弱無法坦然的向他人袒露，而變得好強並缺少情感，這樣的孩子通常很難與他人建立起高品質的親密關係。就算與最親密的媽媽之間，也會產生一條難以跨越的「橫溝」。

在一次幼稚教育的交流會上，我遇到了一個滿面愁容的媽媽。這個媽媽也是從事幼稚教育工作的，在工作中她兢兢業業，能力獨當一面，但是她卻發現，自己怎麼也無法教育好自己的兒子。

這話還得從她兒子上幼稚園時說起。因為孩子從小膽小，為了鍛鍊孩子，她特地早半年將孩子送進了幼稚園。開始時，孩子很抗拒，每天都不願意進幼稚園的大門，也不願意讓她走。常常都是她狠心的將孩子往幼稚園老師手中一塞，然後頭也不回的走掉。漸漸的，孩子能夠接受上幼稚園這件事情了，她堅信自己的教育方式是正確的。但是很快又一個問題來了，那就是孩子變得愛「告狀」了，每天回家，都會對她說班裡哪個小朋友不好，不願意和他做朋友。又或者是哪個小朋友在上課的時候踢他了。每當聽到兒子的「訴苦」，她總是對兒子說：「無所謂，不是還有別的小朋友跟你玩嗎？」又或者是：「小孩子都是這樣，你不必太在意。」她希望透過這種「不在乎」的態度，讓孩子學會無視困難，學會堅強。

孩子似乎也一直朝著她期望的方向發展，告狀的情況越來越少了。但是人卻變得敏感而易怒，她認為這是孩子成長的叛逆期，所以並未在意。直到孩子上小學後，每次收到的老師評語中，都無一例外的寫著「敏感、易怒，不能與同學友好相處」時，她才覺得好像哪裡出了問題，原本那個膽小的兒子何時變得如此「膽大妄為」了呢？她只是希望孩子能夠變得堅強獨立，卻沒有想到孩子發展得如此極端。

其實，無論是幼稚園時期的孩子，還是上了小學以後的孩子，在心理上並沒有什麼不同，只是外在的反應起了變化。曾經的膽小、害怕，是孩子在直接表達自己的脆弱，後來的敏感和易怒，則是孩子在偽裝自己的脆弱。

可悲的是，無論孩子怎麼做，他的媽媽都沒有意識到孩子一直以來，都希望得到媽媽的理解和支援，但是媽媽的態度卻是：你不應該表現出脆弱，這樣是不對的，你應該學著堅強。媽媽的態度讓孩子無法再信任自己的感受，他覺得自己脆弱是錯誤的，是令人不齒的，是不被接納的。所以，孩子想方設法將自己的脆弱隔離起來，與此同時也把真正的自己隔離了起來。為了讓自己達到媽媽的期望，他會朝著相反的方向發展，透過指責和遷怒於別人，使自己體會到並不存在的強大感，以此來擺脫脆弱帶給他的羞恥感。如果我們能夠在孩子「訴苦」的時候，去傾聽孩子內心的感受，卻接納他們當時脆弱的情緒，就算是什麼也不說，也比直接否定孩子的脆弱要好得多。

當孩子哭的時候，往往也是他們情感最脆弱、最需要得到媽媽安慰的時候。這時，如果我們呵斥他們停止哭泣，不但不會讓他們學會堅強，反而會讓他們更加受傷。讓孩子堅強起來的前提是，允許孩子依賴自己，也就是當孩子表現出脆弱時，我們給他們一個溫暖的懷抱，允許他們趴在我們的肩頭哭泣，並為他們輕輕擦去淚水，輕撫他們的後背，讓孩子感受到來自媽媽的理解和支持，他們的內心就會變得溫暖，人格相對的也會更加健康。而這是讓他們變得堅強的基礎。

有人說，孩子是喜歡被「期望」的動物，所以需要被「關注」著養。這種「關注」就是，我們越關注孩子的正確行為，他們的正確行為就會越積越多；相反的，如果我們只關注孩子的錯誤行為，孩子的錯誤行為也會越積越多。所以，與其在孩子脆弱時，批評他們不夠堅強，倒不如在孩子表現出堅強時，向他們豎起大拇指。

贏了高興，輸了沒什麼大不了

一次，一個同事帶著兒子茂傑到我家做客，茂傑的年齡和我兒子差不多大，當得知兒子也在學習圍棋時，茂傑當即決定兩個人來對弈一盤，兒子也高興的答應了，我們兩個媽媽則坐在一邊觀看。

棋盤擺好後，茂傑握著小拳頭，信誓旦旦的對他媽媽說：「媽媽，你看著，我非把他打得落花流水不可。」面對茂傑的豪言壯志，兒子不服氣的說：「誰贏誰輸還不一定呢！」因為有言在先，所以一開局，兩個男孩子就陷入了緊張的「廝殺」當中。

我雖不懂圍棋，但是也能看出茂傑求勝心切，對兒子步步緊逼，而兒子則採取迂迴的戰術，並不跟茂傑糾纏。就這樣，茂傑從一開始的略占上風，到後來與兒子持平。當茂傑又被連續吃了三子時，他有些著急了，連忙擋住兒子撿棋的手說：「等會兒等會兒，剛剛我沒想好，這步棋不算。」面對茂傑的悔棋，兒子大度的接受了。但是沒下兩步，茂傑又要悔棋，這次兒子不願意了，說道：「既然放到了棋盤上，不管有沒有想好，都不能再動了。」見兒子拒絕了，茂傑只好怏怏不樂的繼續下。

下到最後，一張棋盤上已經幾乎擺滿了兒子的白色棋子了，茂傑拿著一顆黑棋，遲遲不敢落下，因為棋盤上大部分都已經是兒子的「領地」了，不管他這顆棋子落在哪裡，都要面臨被吃掉的危險。想了半天，茂傑也沒有找到該放在哪裡，他有些氣急敗壞了，將手中的旗子往棋盤上一扔，將原本黑白分明的棋子打得亂成一團，並說道：「不玩了，真沒意思！」

眼看著就要勝利了，卻被對手攪了局，兒子也有些生氣了，站起來指著茂傑說：「你輸不起！」為了阻止事態變得嚴重，我立刻摟住兒子的肩膀說：「兒子，這只是一場遊戲，輸贏都沒有關係。不如你跟茂傑一起玩樂高玩具吧。」

兒子雖然不太樂意，但還是接受了我的意見。但是沒過多久，兩個小男孩又再次爭執起來，原因就是茂傑總是拼不好手中的樂高，就說兒子拿的比他的簡單，所以一定要跟兒子換著拼。而馬上就要拼好的兒子，自然不願意將「勝利果實」拱手相讓。

最後，茂傑的媽媽只好匆匆帶著茂傑離開了我家。而兒子在短暫的生過悶氣後，又繼續開心的獨自玩起來。

「輸不起」幾乎是每個孩子與生俱來的特點，不管是在一場遊戲中，還是在一場比賽中，贏了就會很高興，但是輸了就會悲傷，甚至哭鬧。但是由於能力有限，孩子不可能永遠都能取得那個勝利者的角色，當他們發現不管自己怎麼努力，都無法贏時，發脾氣、哭鬧就成了他們最好的宣洩方式。所以，在兒子很小的時候，我與他一起玩遊戲時就會故意輸掉，然後無所謂的說一聲「輸了就輸了，沒什麼大不了。」這並不是在滿足孩子好勝的心理，而是想透過我的實際行動，告訴孩子，輸了也沒有什麼大不了的。

在我這種「沒什麼大不了」的心態下，兒子也懂得了輸了並沒有什麼關係。他還在上幼稚園時候，跟鄰居彤彤一起搭積木，兩個孩子比賽誰的積木搭得高，彤彤搭得快，很快就比兒子高出了一大截，就在兒子追趕彤彤的過程中，他有一個積木沒有放穩，導致剛剛堆起的「高塔」坍塌了。聽著「嘩啦」一聲，我的心裡都為之一震。彤彤見了，很可惜的說道：「你的倒了。」結果兒子卻說：「倒了就倒了，沒什麼。」說完，又重新開始搭。

但是這種辦法只適用於孩子還小的時候，在他們還不懂得輸贏之間的差別時，他們會很容易接受「沒什麼大不了」的觀念，但是當孩子長大一些，他們能夠清楚的認識到「輸，說明自己的能力不足」時，他們就不會覺得沒什麼大不了了，因為他們的自尊心受到了挫折。

這個時候，我們就應該及時告訴孩子「為什麼輸了也沒什麼大不了？」因為輸了不但還可以重新來過，而且還能夠讓我們在輸的過程中看到自己的不足，並將這些不足改正。比如說搭積木這件事情，因為第一次搭得倒塌了，孩子才能知道下一次搭的時候，要將每一個積木都放穩，才能越搭越高。換言之，就是「失敗乃成功之母」，沒有失敗，何來成功呢？

也正因為有了這樣的認識，兒子在一次競選班級幹部中落選了，他不但沒有表現出沮喪，還從中總結出了自己落選的原因，比如：在班上自己總是習慣等別人先去做某件事情，自己再去做，所以沒有起到帶頭的作用；在老師提問時，沒有積極舉手發言等等。

經過這樣一反省，兒子在學校的表現有了很大的改變。所以在第二次競選班級幹部時，兒子得到的支持票數遠遠大過了第一次，雖然沒能如願以償的成為班長，但是老師卻讓他當學藝股長。

或許，有的家長會認為，這樣教導孩子，會讓孩子失去進取心。事實上這種擔憂完全沒有必要，因為贏並不是靠爭強好勝的心態取得的，而是依靠擔心的心態獲取的。過於執著於輸贏，反而會讓人陷入執念中，給自身增加壓力，阻礙前進的步伐。

「狠心」的挫折教育

第一次聽到「挫折教育」，還是從一個三歲小女孩的媽媽口中聽到的。所謂「挫折教育」，就是將孩子推出去，讓其遭遇一些挫折，以此鍛鍊孩子承受挫折的能力。

那是在一個夏天。吃完晚飯後，大部分孩子都在社區裡玩耍，我坐在長椅上看著不遠處正在玩陀螺的兒子。這時，一個留著一頭捲髮的小女孩出現在我的視線裡，小女孩手裡費力的拿著一根又長又粗的木棍，追在兩個七歲的小男生後面，喊著：「哥哥，等等我。」但是那兩個小男生就像沒聽見一樣，繼續向前跑著，不一會兒，那兩個小男生跑得沒影了，小女孩也追得沒影了。

又過了一會兒，長椅後面傳來了竊竊私語聲：「蹲低一點，別讓她看見了。」另一個聲音說：「過來了，她又過來了。」我循聲轉過身去，發現躲在長椅後面的，就是剛才跑掉的那兩個小男孩，他們在躲誰呢？我心裡正疑問著，剛才那個小女孩也跑回來了，手裡依舊拎著那根大木棍。見到那個小女孩向這邊跑來，兩個小男孩猛的一下站起來，扔下一句：「又追來了，真煩人！」說完，再次跑開。

小女孩發現了目標，繼而鍥而不捨的邊追邊喊道：「哥哥，你們等等我。」在路過我的身邊的時，一直坐在我身邊看書的女人忽然叫住了女孩：「航航，先過來喝口水。」女孩聽話的過來猛喝了幾口水，然後又繼續朝著男孩消失的方向追去。

當我回過神來的時候，小女孩都已經跑遠了。「那是妳女兒啊？」我有些不相信的問旁邊的女士。

「嗯，對啊。」女士闔上書，抬起頭來笑著回答我。

「真可愛，頭髮還是捲的。」我心中有疑問，卻不知道該怎樣開口問，難道她沒有看到自己的女兒在受委屈嗎？我要不要告訴她呢？就在這時，小女孩又跑過來了，依舊拿著那根木棍，站在那裡東張西望了半天，才走到自己媽媽身邊問：「媽媽，妳看到那兩個哥哥了嗎？」

「沒看見，他們沒有跑過來。」孩子的媽媽看著孩子的眼睛，認真的回答，順手幫孩子理了理被汗濕透的頭髮。

孩子聽到媽媽這樣回答，只好自己離開去尋找。回過頭，孩子媽媽看到我詫異的目光，無奈的笑了笑說：「她想跟剛才那兩個小男孩玩，但是人家嫌她小，不願意帶著她玩。」

原來孩子媽媽把一切都看在了眼裡，「那就別讓孩子在後面追了，拿著根大木棍，萬一摔倒可麻煩了。」我忍不住說，如果換成是我，可能就會伸手攔下女兒，因為我不忍心看著自己的孩子被他人這樣冷落。但是孩子媽媽的回答，卻給我上了一課，她說：「現在的家裡大多是一個孩子，所有的大人都寵著她，她說什麼是什麼，這樣又怎麼能承受的了挫折呢？讓她到外面受點挫折，未嘗不是一種教育。」

「那妳不心疼嗎？」我脫口問出。

「當然心疼啦！」孩子媽媽突然提高了分貝，「但是心疼有什麼用啊，我又不能代替她長大，如果這點挫折都接受不了，以後怎麼辦？」

我頓時語塞。

這時，小女孩又跑回來了，還是沒有扔掉那根棍子。「媽媽，我找不到那兩個小哥哥了。」小女孩既著急又難過，因為一直奔跑，她的小臉累得紅紅的，長長的睫毛下面一雙大眼睛忽閃忽閃的，裡面裝滿了晶瑩的液體，滿得就快要溢出來。

「可能是哥哥們回家了。」孩子媽媽並沒有道出實情。

小女孩失落的低下了頭，哽咽著說：「他們說要摘桃子的，所以叫我去找木棍，等我找到木棍，他們又不在了。」孩子的媽媽沒有說什麼，只是靜靜的聽著。但僅一會兒的時間，笑容就再次出現在孩子的臉上，「媽媽，那你幫我摘桃子好不好？」說完，吃力的舉起了手中的木棍。

「好啊，但是媽媽不知道能不能摘得下來……」

「沒關係！」

母女二人的聲音隨著她們的腳步聲漸行漸遠，我一人坐在長椅上回味起剛才那一幕。那麼嬌小可愛的女孩，卻被兩個小男孩嫌棄，並被哄得團團轉，作為毫無關係的旁觀者，我都感到了心疼，可想而知孩子的親生媽媽心裡一定更加不好受。但是她卻能安如泰山般坐在一旁看書，看似狠心，但這種狠心的背後又何嘗不是一種深切的愛呢？

現在的孩子，生活條件好，受到的呵護多，這原本是種幸福，但這幸福的背後卻充滿了陷阱，因為這樣極容易使孩子變成一個自我、虛榮的人，對凡事都挑剔，並且心胸狹隘。父母的呵護會讓孩子形成這樣一個心理慣性：別人一直將我當寶，你憑什麼當我是草？當這種慣性大到一定的程度，就很難再改變過來。就如在順境中待久的人，無法適應逆境的反差一般。

想到這裡，我忽然想到朋友對我講起的一件事情。她正在上國中的外甥女忽然產生了不願上學的情緒，在家長的百般追問下，女孩吐露了實情。原來女孩在學校有一個要好的朋友小鈺，但是後來女孩又結交了新的朋友芳婷，就漸漸疏遠了小鈺，豈料小鈺為此感到十分不服氣，便到處宣揚女孩的壞話，還揚言誰要是跟女孩玩，就是跟她過不去。說來也奇怪，班裡的女生們居然很聽從這個小鈺的話，幾乎沒有人願意跟女孩玩了。因此，女孩漸漸的產生了不想上學的情緒。

僅僅是受到同學的冷落，就寧願放棄的自己的大好前途，這樣的「玻璃心」將來又怎能去面對職場中的爾虞我詐呢？

還有一次是我在百貨公司裡看到的真實一幕。一對小情侶在挑選戒指。但不知道為什麼兩個人爭執起來，男人生氣的對女人說：「我父母給的已經不少了，你怎麼還這麼挑三揀四的？長輩給妳什麼那都是一番心意，妳應該高興的收下！」

女人睜大眼睛看著自己眼前的男人，隨即大聲哭喊起來：「從小到大，我媽都沒有大聲吼過我一句，你憑什麼對我這麼凶？」

媽媽可以溫柔的對待自己一生，但可惜的是，全世界有七十八億人口，卻不是人人都是自己的媽媽。作為母親，我們可以像母雞保護小雞一樣去呵護寵愛孩子，但是卻不能要求在孩子成長過程中遇到的每一個人都能夠如此對待他。萬一遇到不喜歡他的人，甚至排斥他的人，他要做到能夠坦然的接受，並且不心存怨恨。

不要剪掉孩子勇敢的翅膀

網路上流傳一篇文章《你剪斷了我的翅膀，還怪我不會飛翔》，旁白的配圖是一對父母正在用剪刀將孩子背後的翅膀剪掉。文章的大意就是說，在孩子小的時候，父母對孩子極盡呵護，當孩子長大後，面對挫折不知如何是好時，家長卻怪孩子不夠勇敢。現在大多數孩子都是獨生子，受到大人的無限寵愛，有些父母寧可自己歷盡磨難，也不忍心讓孩子吃一點點苦，受一點點累，千方百計為孩子鋪墊人生坦途，以為這是愛孩子，而實際上，這就是用「剪刀」剪短了孩子那雙「勇敢」的翅膀，那把剪刀，就是「溺愛」。

一個親戚家的男孩，大學畢業三年了，經過幾次的面試失敗後，就喪失了找工作的信心，每天沉溺在網路遊戲的虛幻世界上度日。生活用度，都要靠父母的接濟。為此，他的母親操碎了心，有一次他的母親再次逼迫他去找工作，他竟用自殺的方式來抵抗母親的逼迫。家人都勸說這個親戚帶著孩子去看看心理醫生，親戚帶著希望去了，結果卻帶著「失望」而歸，因為醫生也「無藥可醫」。

那個男孩曾給我留下很深的印象。那是在百貨公司，男孩看中了一雙有鞋帶的運動鞋，但是卻不願意綁鞋帶，於是男孩的母親就要求店員找一雙一模一樣的，卻不需要綁鞋帶的鞋來。這個要求自然無法被滿足，於是男孩在百貨公司裡發了脾氣。他為什麼不願意綁鞋帶呢？因為從他第一次綁鞋帶失敗後，他的媽媽就幫他買不用綁鞋帶的鞋子穿。

在家裡，這個男孩從不幫媽媽做一點家務，不是他不願意，而是他認為自己做不好。第一次倒垃圾，他弄髒了衣服，媽媽便從此不再讓他倒垃圾；第一次洗碗，打碎了碗，劃傷了手，媽媽便不再讓他洗碗。上學時，男孩媽媽託人走後門，只為了進一個老師不那麼嚴厲的班級；畢業後，男孩媽媽又託人找關係為他推薦工作。

很多時候，不是孩子不夠勇敢，而是我們以「愛」的名義，親手毀了孩子的勇敢。男孩早已經習慣了在媽媽的「愛」中成長，同時也早已經失去了面對挫折的勇氣。阿德勒認為，對兒童過分的溺愛與嬌縱，是孩子產生錯誤行為的主要原因。許多父母把孩子當作掌上明珠，不想孩子受到任何委屈，在孩子遇到困難時，主動幫助其解決，滿足孩子一切要求。長期在溺愛環境中長大的孩子，習慣性的認為自己天生與眾不同，遇到自己辦不到的事情時，就會向他人發號施令，因為他們在家裡也總是對父母「發號施令」，在他們的世界裡，「只要我做不到，別人就應該幫我解決。」因此，當他們遭遇了挫折，卻沒有人將目光放在他們身上，或是沒有幫助他們的時候，他們就會覺得世界不公平，然後寧可蜷縮在一個自己為自己營造的「公平」氛圍中，也不願意勇敢的再次「出擊」。一個缺乏勇敢精神的孩子，不能與人競爭，不適應激烈的社會環境，就像溫室裡的花朵一樣無法經歷風霜，經不起挫折和打擊。這難道是我們想要看到的結果嗎？

其實，生活中大大小小的逆境都是磨煉孩子毅力和意志的運動場，是讓孩子勇敢的向前奔跑，還是扶著孩子一起前行？這取決於我們願不願意放下手中的「剪刀」。

暑假的一個午後，兒子與幾個小男孩在院子裡玩陀螺。起初還玩得很開心，但不一會兒就有爭吵的聲音傳來。從他們的爭吵聲中，我聽出原本兒子和其他三個小男孩玩得很好，但是又新加進來一個小男孩，新來的小男兒與那三個小男孩關係更好一些，所以他們不想讓兒子參與到他們的遊戲當中了。兒子當然感到不服氣，著急的站在他們幾個中間，就是不願意離開。我遠遠的看著其中一個小男孩已經揮起了拳頭，似乎想用「武力」解決掉兒子這個麻煩，但兒子卻絲毫沒有讓步的意思。

當時我幾乎抑制不住要挺身出面，要求那幾個孩子帶著兒子一起玩的衝動，但是以後呢？畢竟家長只能夠陪伴孩子一程，卻不能保護他一生。當有一天，兒子離開了我的「羽翼」，他又如何面對這些呢？

就在我有些舉足無措時，從遠處走過來一個小男孩，他遠遠的就開始喊兒子的名字，想來應該是經常跟兒子一起玩的孩子。聽到了有人呼喚自己，兒子才離開了那群孩子，與自己的朋友另外找了一片空地玩了起來。

我雖然並不鼓勵兒子打架，但是我很讚賞兒子這種直面「拳頭」的勇氣。能夠在成長的道路上勇敢向前奔跑的孩子勢必會遇到挫折，但這沒什麼，這是他人生必經之路。就算是摔倒了也要讓他自己爬起來，做錯了事讓他自己去承擔後果。只有讓他在克服困難中感受挫折、認識挫折，才能培養出他們不怕挫折、敢於面對挫折的勇氣。

樂觀是挫折的「天敵」

一個美國醫生，曾做過這樣一個實驗，他用水和糖粉再加上某種色素調製成了一種「安慰劑」，然後讓患者服用。當患者對這個安慰劑保持樂觀的態度，相信它的藥效時，百分之九十的患者都會因為這個安慰劑而病情得到了減輕，甚至還有一部分人因此而痊癒。儘管醫生開出的這個藥方並不具備任何藥力作用，但是他卻充分的證明了樂觀的作用，這其實就是一種心理暗示。

還有一個相反的例子。一個搬運工人被意外的被關進了一間冷凍庫裡，他意識到，如果自己出不去，就會被凍死。二十個小時過去後，當人們打開冷庫的大門，發現這名工人的屍體，從屍體外觀上看，他確實是被凍死的，但是奇怪的是，當時冷凍庫的冷氣開關並沒有打開。可以說，是他的悲觀凍死了他。

這就是樂觀的力量和悲觀的下場。一個樂觀的孩子，挫折在他面前就會變得微不足道，相反的，在一個悲觀的孩子眼中，挫折就猶如一座大山，壓得他喘不過氣來，令他沒有前進的勇氣。戰勝挫折的方式有很多，勇敢、堅強、執著……而首當其衝的是樂觀。因此，我們要培養孩子戰勝挫折的精神，首先要讓孩子成為一個樂觀的人。

有個名叫荳荳小男孩，因為學習成績差，經常被年輕又負責的班導留校補課，將當天學習的知識再溫習一遍。在學校裡，經常被老師留校可不是一件「光榮」的事情，因為只有那些「差勁」、「沒用」的孩子才會被留校。所以班上的同學時常在背後嘲笑荳荳，有一次這些嘲笑的話語傳到了荳荳的耳朵裡，讓荳荳感到很苦惱。荳荳的爸爸知道這件事情後，是這樣安慰荳荳的：「老師工作了一天，已經非常辛苦了，她還要抽出時間為你補課，就更加辛苦了，她是因為希望你的成績能夠越來越好，所以你應該謝謝老師。」

荳荳想了一晚上，他覺得爸爸說得對，所以再次被留下補課時聽得格外認真，他不想讓老師白白辛苦。有一天，荳荳又一次被留校回家後，對爸爸說，他想帶一些吃的到學校，因為每次老師給他補完課，他都會感到餓。爸爸十分爽快的答應了荳荳的要求，但是他轉而想到，既然自己的兒子會餓，那麼老師肯定也會餓。於是，第二天在荳荳的小書包裡，多了兩塊蛋糕，是荳荳的爸爸親自用烤箱做的，並且他還在放蛋糕的盒子裡塞了一張小紙條，上面寫著「老師您辛苦了，補課的時候您也餓了吧！」然後荳荳的爸爸又對荳荳說：「當你餓的時候，說不定老師也餓了，所以爸爸給你準備了兩塊蛋糕，到時候你可以分給老師吃。」

荳荳帶著兩塊蛋糕高高興興的上學去了，當天就把蛋糕分給了老師，據說老師感動得眼淚汪汪。從那以後，荳荳的爸爸每天都會花些心思為兒子準備小糕點，然後讓兒子帶到學校跟老師一起吃。孩子的純真打動了老師，老師不但也經常帶一些吃的給荳荳，還越來越喜歡荳荳，並且對荳荳越來越好。

漸漸的，關於荳荳「因為成績差而被留校」的傳言沒有了，取而代之的是「老師特別喜歡荳荳」，同樣的事情有了不同的說法，效果也就不同，起初荳荳被同學們嫌棄排斥，現在反而成了大家羨慕的對象了。當然，一起改變的還有荳荳的學習成績，以及他面對事情時的態度。

荳荳的爸爸叫新軍，是我為數不多的異性朋友之一，前幾年他跟妻子因為性格不和離婚，然後就獨自帶著兒子荳荳生活。荳荳沒有像一般離異家庭的孩子一般，變得消沉叛逆，我想跟新軍的教育有很大的關係。

被留校補課原本是老師的一片好意，但是在其他人的眼中就變成了一件令人「難以啟齒」的事情，讓孩子倍感壓力。如果在這個時候家長再給孩子施加壓力，只會讓孩子產生叛逆心理，對補課產生反感，甚至對老師產生厭煩之情。這樣的話補課不但不會讓孩子的學習得以進步，還會讓孩子感到羞恥和挫敗。

為什麼同樣一件事情，人與人眼中看到的本質就會不同呢？這源於每個人對於挫折的認知不同，這也是一個人最終能夠戰勝挫折的關鍵。樂觀的人，在面對挫折時，他們的認知是「這沒什麼，我會戰勝它。」而悲觀的人，他們的認知則是「天哪！我完了！」

任何事情都有正反兩面，新軍在這件事情上最大的成功，就在於他教會了孩子如何樂觀的去看待問題。他讓孩子看到了老師是為了自己好，看到了透過補課自己的成績就能進步這些正面的一面。所以，孩子才能夠從失敗中看到進步，從挫折中取得成長。

第四章　孩子的學習需要幫助

培養孩子良好的讀書習慣

兒子上小學一年級的第一天放學回家，就滿臉愁容的問我：「媽媽，是不是上小學以後，就會考試？」

「對呀。只有這樣，老師才能知道你有沒有掌握住學習的內容。」我回答道。

「那是不是考完試老師就會打分數，得一百分的就有油條和雞蛋吃，得零分的就什麼也吃不到了？」兒子又問。

「這是誰告訴你的？」兒子的天真讓我覺得十分有趣。

「是新認識的小朋友告訴我的。」兒子說，在兒子的臉上，我絲毫看不到一丁點的笑容，可見他並不是在開玩笑，而是實實在在的開始為考試而擔憂。看著兒子那張充滿了稚氣的臉，我忽然有些心疼，心疼他從此以後，就要開始為學習成績而擔憂，而且這種擔憂會持續十多年之久。但是，這似乎並不是兒子現在應該去考慮的問題，對於一個一年級的孩子而言，養成良好的讀書習慣，遠比考試考了多少分要重要的多。換言之，如果在這個時期養成了良好的讀書習慣，那麼對於成績的擔憂就是多餘的。因為一個具備良好讀書習慣的孩子，其學習成績肯定不會差。

因此，我笑著對兒子說：「不管你考一百分，還是考零分，媽媽保證你都有油條和雞蛋吃。因為這些並不重要。」

「那什麼才重要？」兒子問。

「習慣！」我加重語氣的回答兒子，「具體來說，就是要上課注意聽講，按時完成家庭作業，遵守生活規範，有良好的閱讀習慣，有好奇心，少玩遊戲，多做運動……」

我的話還沒說完，兒子就打斷了我：「就這麼簡單嗎？媽媽，我肯定能做到。我現在就去寫作業。」說完，兒子將書包往身上一背，向自己的房間跑去，臉上絲毫不見了之前的煩惱。

兒子也算是說到做到。有幾次我藉著接他放學的機會，向兒子的班導師詢問情況，老師的回答從來都是，上課認真聽講，按時完成作業。但是，兒子很快就在生活上放鬆了自己。之前上幼稚園時，因為沒有家庭作業，所以兒子一回家便可以看卡通，有時候還會和小朋友一起出去玩，睡覺前再讀故事書。但是上小學後有了家庭作業，這就意味著以前看卡通的時間被占用了。有時候，兒子還能拒絕卡通的誘惑，專心看書，但是一旦有小朋友來找他出去玩，他就無法控制自己了。有一次，甚至玩到了晚上十點才回家，自然已經沒有了看書的時間。

因此，當兒子第一次考試成績並不理想時，我並沒有感到驚訝。因為好的習慣並不是偶爾做到才可以，而是需要堅持。不但要堅持在學校有良好的表現，回了家同樣也不能鬆懈。我意識到孩子可能太小，並不懂得如何去培養自己的習慣。這個時候，就需要我們做家長的伸出「援助」之手了。如果我一開始就對兒子的行為加以規定，那麼兒子的習慣則更多是為了遵守規定而為之，一旦有一天這些規定不存在了，那麼兒子是否還有遵守下去的必要呢？但是如果在兒子遇到困難時出手，那就是幫助孩子解決問題，同時也能讓孩子意識到自己的不足之處。

我的做法是，在與兒子共同協商的條件之下，制定一張學習計畫表，這張表包含了兩方面，一方面是生活習慣；一方面是讀書習慣。在生活習慣方面，我要求他每天至少閱讀半個小時，背五個單字，陪父母聊天十分鐘，每天必須堅持做某項運動三十分鐘，每天睡覺前回顧下當天的所學的知識和所做的事情。至於看電視和玩耍的時間，只留給了他一個小時的時間，這個他可以自由支配。

幾乎每一項兒子都保證能夠做到，只有對運動這一項不明就裡，「媽媽，為什麼還要堅持做一項運動呢？」兒子問。「因為你在學校也要上體育課呀！」我笑著回答他，「更何況，相較於學習成績，媽媽更希望你有一個堅強的體魄。」

「嗯，是挺有道理的。」聽了我的話後，兒子像個小大人般點著頭，表示肯定。接著他決定每天早晨跑步半個小時，並且要求我跟他一起，想到自己還可以順便減肥，我爽快的答應了。

至於學習方面的計畫，因為孩子還在上小學，所以計劃的內容無非也就是上課認真聽講，大聲朗讀，認真寫字，獨立思考，勇於發問，舉手回答，及時複習以及獨立完成家庭作業等。隨著年級的升高，計畫裡的內容也會有所更改，但是相信一旦養成了良好的習慣，那麼計畫的內容如何更改，孩子自己的心裡自然有數，並且也會作出合理的規劃。

最後我告訴兒子，如果他能按照這張表格堅持七天，那麼他就會適應這種習慣；如果他能堅持一個月，他就初步養成了這種習慣；如果能夠堅持半年，那麼如果有一天他沒有這樣做，他甚至都會覺得不舒服。兒子對我的話半信半疑，但是在我鼓勵的目光中，兒子打算挑戰一下自己。

事後，我為了讓兒子看到自己的堅持，還特意去買了小貼紙，如果兒子遵守了計畫表，我就在日曆上的那一天貼一個小貼紙。第一個七天，因為兒子生病，有一天沒能完成計畫，那一天的小貼紙是缺失的。第二個七天，兒子為了彌補那一天的缺失，一口氣堅持了七天。看著貼滿小貼紙的七天，兒子自豪極了，他說他第一次體會到了「戰勝自己」的樂趣。接下來，一切都變得順利了，很快半年就過去了，終於有一天，兒子對我說：「媽媽，以後妳別再貼小貼紙了，買它還挺貴的，重點是貼不貼都一樣，我天天都是這樣做的。」至此，我知道，我的兒子已經徹底養成一種良好的讀書習慣。

對於讀書習慣而言，不存在「灰色地帶」，也就是說，如果沒有養成好的讀書習慣，那勢必就養成了壞的讀書習慣。因為愛默生曾說：「習慣若不是最好的僕人，就是最差的主人。」沒有人可以在這兩種狀況之外。培養孩子良好的讀書習慣，尤為考驗父母的智慧和耐心。但是一旦養成，這也是一勞永逸的好差事。

閱讀讓孩子更加聰慧

兒子在一歲左右的時候，就表現出了濃厚的閱讀興趣，經常指著童話書上的插圖，用並不流利的話語問我：「這是什麼?」每當此時，我都會饒有興趣的一一說給他聽，興致來了的時候，還會個自己添加一些情節進去，兒子聽得津津有味。

但是當我家購買了電腦後，電腦裡五花八門的遊戲，很快便吸引了兒子的注意，每次只要我和老公一打開電腦，兒子的小腦袋就會湊過來，要求想玩一會。一開始本著「電腦要從小學起」的思想，並未過多的限制，可是當兒子要求玩電腦的次數越來越多，並且受電腦的影響，也開始對看電視感興趣，而看書的時間卻越來越少時，我才意識到問題的嚴重性。人的一生都在接受各種文化資訊的影響，這其中透過閱讀所吸收的知識占有非常大的比重。如果兒子因此而丟掉了閱讀的興趣，那對他的學習能力將是不可估計的損失。

於是，當兒子再次要求玩電腦或是看電視時，我會嚴厲的拒絕他，並要求他「看書去」，一開始，兒子還能按照我的要求去做，但是對於看書的熱情卻大不如從前了。為了引發兒子的看書興趣，我還特地到書店採購了一番。回家後就立即將新買的書拿出來給兒子看，並且還對他強調某本書特別好，如果讀完就能獲得某種知識。

兒子聽罷，悻悻然的拿著一疊書回到了自己的房間，臉上並沒有我所期待的「欣喜」。豈料幾天之後，兒子拿著那本我推薦的書來到我身邊，說：「媽媽，妳讓我讀的書我讀完了，我能玩會兒電腦嗎？」當時的我，就像一顆洩了氣的皮球，難道是我買的書不好看嗎？為什麼就不能引起兒子的興趣呢？是不是自己用錯了方法呢？

這樣想著，我忽然意識到，家長讓孩子多讀書，是因為希望孩子能夠從中獲取到知識，但是對於小孩子來說，他並不會將獲取知識作為自己閱讀的動力，甚至他可能都無法明白，什麼是獲取知識。對於孩子來講，他願意去做自己喜歡的事情，最原始的動力是——興趣，而不是為了得到什麼。

想通了這一點，我開始為自己之前過激的行為而感到後悔，我的命令與強迫，很可能已經讓兒子產生了排斥。要知道，在教育中，想要孩子接受什麼，就去誘惑他；想要孩子排斥什麼，就去要求他。不管是大人還是孩子，最難抗拒的就是「誘惑」，最討厭和最難以接受的就是「強迫」。

知道了問題出在哪裡，接下來就是改變。我不再要求兒子讀書，而是利用了孩子的好奇心，在他閒著無聊，想要玩電腦或者看電視時，跟他講一段故事情節，並留下懸念。當然，那些故事情節均來自我特地挑選書籍。考慮到兒子是男孩子，我選擇了古龍和金庸的一些武俠小說，但是兒子似乎對此並不感興趣，有一次我興致勃勃的講了一大段後，兒子居然說：「成天打打殺殺的，沒意思。」於是，我便又換了一本《冰河歷險記》，平日裡對探險特別感興趣的兒子果真對這本書的內容十分感興趣，可是每當他正聽到興致高漲時，我卻不再講了，兒子自然會追問，這時候我就會故弄玄虛的說：「後面的我還沒看呢，等我看完再告訴你。」因此，兒子總是對後面的情節抱有期待。

另外，在給孩子講故事情節時，也不可強行「灌輸」，而是採用自然的「引誘」，比如有時候我會在自己看完一段內容後，就順口讚嘆一句「寫得真是太精彩了。」當孩子被我這句話吸引時，我再有意無意的將內容講給他聽。有時候，還會找老公「友情客串」，讓他隨聲附和我幾句。

久而久之，兒子開始心裡癢癢了。有時候他越是著急想知道下文，我就越是「賣關子」，謊稱自己因為忙工作，還沒有往下看。後來，兒子實在忍不住了，便對我說：「媽媽，那本書能不能先借我看看。」至此，我知道，自己的「引誘計畫」已經成功了一半。自然，書中有許多難以理解的生字成了兒子繼續讀下去的「絆腳石」，這時，我就會立即站出來，詳細的將那個字或者詞語解釋清楚，更多時候，我會陪他一起看，對這樣的時光，我和兒子都十分享受。

當這本書快讀完時，我就會立刻搜索另外一本，並且漸漸的擴大了搜索範圍。到了上小學時，兒子已經重拾起兒時對閱讀的興趣了，並且還會主動要求去書店找書看。有一次我去參加兒子的家長會，結束後，兒子的班導留我下來，我原本以為兒子在學校調皮搗蛋了，態度謙恭的等著接受老師的告狀與指教，卻沒想到老師一張口就問我：「您是怎樣讓孩子這樣愛看書的？」原來班導老師很多次發現兒子利用課餘時間看課外讀物，每次發了國文課本，不等老師講完，兒子就已經全部看完了。對此，班導很驚訝，也很想知道方法，因為她的孩子是個不愛讀書的孩子。

說到自己的孩子，班導滿面愁容，「每次我都舉著書本在他面前讀，可是他的眼睛就是盯著電視機一動不動。那次我氣急了，將正在播卡通的電視強行關掉了，沒想到孩子比我更氣，拿起茶几上的書就扔到了地上……」相信班導師的行為，很多家長也曾有過。其實我並不贊成強行關掉電視機或是電腦的行為，或者是規定看電視與玩電腦的時間，那會激起孩子的叛逆心理，並且也無法從根源上去除孩子對電視和電腦等電子產品的喜愛和興趣。若要讓孩子將注意力從電視或電腦上回閱讀上，需要從根本上讓孩子對電視或電腦失去興趣。更何況，電視與電腦也並不是一無是處，比起規定時間，規定看什麼節目和用電腦做什麼更加有用。比如，我規定兒子只可以看動畫頻道和科學教育頻道，有時候有一些比較有意義的電影，也會特別允許兒子看。至於電腦，我要求兒子只能用來查資料，並將電腦裡的小遊戲全部刪除了。

這一點，家長能夠做到比讓孩子做到更加重要。假如我們要求孩子只能看科學教育頻道，但是自己卻抱著娛樂節目看得無法自拔，那勢必會影響到孩子，讓孩子無法遵守「規定」。對於像兒子班導的孩子那樣深度沉迷於電視與電腦的孩子來說，我出了一個「餿主意」，就是人為的將電視或是電腦損壞，然後再以各種理由拖延修理。接著在這個時間段內，逐步引誘孩子進行閱讀。當電視修好後，家長可以趁機提出使用要求，並且自己也努力做到。

當孩子真正培養起閱讀的興趣後，我便不再干涉兒子閱讀哪些書籍，一開始他還是傾向於探險類的故事書，但是慢慢的就擴大了閱讀範圍，並且隨著閱讀興趣的增加，他對電腦和電視的興趣開始減弱。

不久後，我接到了兒子班導的電話，電話裡班導絲毫掩飾不住內心的欣喜，她激動的對我說：「妳的方法還真管用，我的孩子開始看書了，而且還是長篇小說呢，學習成績也提高了。並且在我的堅持下，我老公也改掉了經常看電視看到兩三點的壞毛病，真是太謝謝妳了。」

如果有一種學習方式能夠達到事半功倍的效果，那這個方式就是良好的閱讀習慣。閱讀不僅僅是一種樂趣，還會令我們的孩子更加聰慧，喜歡閱讀的孩子，不但大腦更加活躍，知識也會更加廣泛。作為家長，我們能夠做的就是給孩子提供一個自由的、良好的閱讀環境，除了那些真正有害的不良書籍外，不去強制要求，也不硬性規定孩子什麼時候該看書，看多久的書和看什麼書。

學習的自律能力來自零錢管理

很多家長曾向我反映過，孩子寫作業總得一催再催，晚上不睡、早晨起不來，東西總是隨便亂放，總而言之一句話，就是孩子缺乏自律能力。缺乏自律能力的孩子，無法有效的控制和利用時間，也無法很好的管理自己的事情，這勢必會對孩子的學習成績以及今後的發展產生負面的影響。

可是孩子的自律能力要怎樣培養呢？我曾制定過時間表，寫過注意事項，但效果似乎都不顯著，尤其是只要一旦有一次無法按照計畫實施，那就等於在堤壩上開了一個小口，之後便是一發無法收拾。實際上，這些方式並不是在培養孩子的自律能力，而是用「外部力量」使孩子被動的「自律」。而自律是一種主觀的自發行為，需要的是培養，而不是限制。這一點，我還是從我表姐家的孩子身上學到的。

表姐家的孩子叫玥昕，玥昕十分爭氣，十八歲就到英國留學了。有一年春節回家，玥昕給表姐和表姐夫一人買了一部新手機，我們大家紛紛羨慕不已，但是表姐卻十分詫異，不一會兒，便將玥昕拉進了一個小房間，追問道：「玥昕，妳哪來這麼多錢，我每個月給你的生活費根本不夠妳買兩部手機的。」表姐的擔心是正常的，一個女孩子遠在他鄉，在生活費有限的情況下，忽然大手筆的花錢，這確實很讓家長擔心。

「這是我從生活費裡節省下來，當然，也有我做街頭藝人賺的錢。」說到這裡，玥昕神采飛揚的。得知這錢不是來路不明，表姐一顆懸著的心放了下來。隨即囑咐道：「在外面別讓自己吃苦，該花的錢一定不能省。」表姐有些心疼玥昕，語氣中略帶埋怨。

「媽，妳就放心吧，我過得好著呢！妳別忘了，我從小就是精打細算的能手。」說完，玥昕朝著表姐眨了眨眼睛，表姐終於放心了。

吃過飯，我們再次談起了玥昕給父母買手機的行為，面對滿座的溢美之辭，表姐將她培養玥昕的歷程娓娓道來。玥昕上小學時候，表姐發現玥昕的蠟筆、橡皮擦等學習用品總是用得特別快，但她以為是孩子的正常需要，所以並未深究。直到有一次，玥昕的老師對表姐說：「妳們家玥昕太大方了，別的小孩向她借東西，她二話不說就借了。」

表姐當時還覺得這是玥昕樂於助人，是好的行為。可老師下面的話，才讓表姐意識到事情並非這麼簡單。原來很多小孩兒很「聰明」，就是自己明明有蠟筆和橡皮擦，卻將自己的藏起來，然後用玥昕的，這樣自然就為自己的父母省了錢，而玥昕還「傻傻」的以為自己是在助人為樂。

如果把這件事直接告訴玥昕，那勢必會傷害孩子那顆善良的心靈，同時也讓她對友情產生質疑。因此表姐決定採用另一種方式，那就是讓玥昕自己體會到文具也是用錢買來的，而錢是有限的。於是表姐每個月給玥昕五十元，並對玥昕說，這些錢是專門用來買文具，花不完可以存起來，存多了可以去買自己喜歡的東西。但如果提前花完了，媽媽也不會再給，沒得用就自己想辦法。

第一個月還沒過去一半，玥昕的錢就花完了。所以再有同學向玥昕借鉛筆橡皮擦時，玥昕只好說：「對不起，我不能借給你，因為我用完了就沒錢買了。」可是這依舊沒能堅持到一個月結束，當玥昕寫作業因為沒有橡皮擦而無法改正時，她急得哭了起來，雖然最後借到了橡皮擦，但是也從那時起，她明白了以後不能隨便將文具借給別人用，否則自己就沒得用了。

隨著玥昕的年級升高，表姐給的零用錢也有所增加，但是那些錢只夠買一些普通的文具用品，如果要買一些印有漂亮的卡通圖案的文具，就遠遠不夠了。正當表姐考慮著要不要破例給玥昕買一次時，玥昕卻拿著一張漂亮的貼紙回家了，然後就跑進自己的房間裡，將貼紙撕下來，然後小心翼翼的，略帶設計感的將貼紙貼在了文具盒上、自動筆上、直尺上，甚至是橡皮擦的外包裝上。做完之後，玥昕就拿著自己的「作品」向表姐炫耀了。原來她在心裡算了一筆小帳，一張貼紙才二十五元，但是一支印有卡通圖案的直尺就比普通直尺貴十五元，如果再加上其他文具，那就更貴了，於是玥昕想到了自己買貼紙來裝飾文具的辦法。

聽到這裡，我忍不住鼓起掌來，這可真是個絕妙的方法，讓孩子自己掌握零用錢，既強化了孩子的算術能力，還讓孩子體會到了自己動手設計的樂趣，並且還學會了精打細算過日子，再往深一點的好處看，之後的學習自主力，也與此脫不了關係。

在指考前，別的孩子都在抓緊時間複習，有的甚至連吃飯的時間都不放過，更不用說看電視了。但是玥昕卻輕鬆的多，關鍵就在於她能夠充分的管理好自己的時間和行為。比如：當別的同學因為太累了，在課堂上小歇一會兒的時候，玥昕從來是腰板挺直的坐著聽講，如果老師講得內容她已經掌握，她也絕對不會就此休息，而是利用上課那幾十分鐘的時間，馬不停蹄的做一些練習題強化老師所講的內容。下課後，她也絕不在教室中停留，而是不管春夏秋冬，都要到教室外面走走，呼吸新鮮空氣，看看花花草草，這片刻的放鬆，是她活力充沛的上第二節課的主要力量。

放學的路上，別的孩子會趁機看看周遭有什麼新鮮玩意兒，但是玥昕卻在一邊騎車，一邊念念有詞的背英語和公式，回到家，別的孩子開始背英語和公式時，玥昕已經悠然的坐在桌前吃晚飯了，還能順便看看新聞，為寫作文積累素材。用玥昕的話說：「我計算過了，我騎車回家的時間，跟我吃飯的時間差不多，如果我利用好了騎車回家的時間，那麼吃飯的時間就可以做別的。」看！小時候的「精打細算」被她運用到學習當中了。所以，雖然玥昕沒有熬夜苦讀，但是指考成績卻出奇的好，還因為藝術的加分，得以出國念大學。

出國前，我陪玥昕去逛街。心想玥昕要出國門了，怎麼也得穿得體面一些，於是帶她到了賣名牌商品的百貨公司，但是玥昕卻看著價格直搖頭。最終，她還是在一家平價大賣場裡，挑了幾件學生價位的衣服。事後還「教育」我說：「阿姨，買衣服看的是款式，不是價位，妳看我現在買了這麼多件，而這些錢只夠在百貨公司裡買一件的。」說完，還「鄙視」的看了我一眼。

後來到了國外，表姐一個月給玥昕寄一次生活費。開始的時候，這些生活費剛剛好夠花，但是之後每個月都會有一些盈餘。到了後來，表姐便將一年的生活費一次性的給了玥昕。別人聽後都會擔心孩子會一下子花光，但是表姐卻毫不擔心。一年過去以後，生活費不但沒有花光，還剩了很多。因為玥昕用這筆錢做了小買賣，她在網路上購買了一些手工材料，然後利用課餘時間將這些材料製作成漂亮的小飾品，再將這些小飾品拿到校園裡、街邊去賣，因為樣子好看且價格便宜，非常受同學們的歡迎。

大學畢業後，玥昕又考上了研究生，她不但拒絕了表姐的生活費，甚至連學費都拒絕了，因為她得到了全額的獎學金。

讓孩子從小就有金錢的意識，教會孩子如何花費和管理金錢，是家庭教育中一件必須要做的事情，透過讓孩子自己管理零用錢，能夠培養孩子的計劃性、決策性和自控能力，而這些能力在其學習乃至成長道路中都是至關重要的能力。

當然了，並不排除有些孩子會一下子花光所有的零用錢，我兒子就曾做過這樣的事情。那次是學校要求為兒子班級裡一個患了白血病的同學捐款。那時兒子毫不猶豫的將我給他的兩百塊零用錢捐了出去。之後連續兩天早晨沒有錢買早點吃，才向我求助。那是我唯一一次例外的給了他一些補償。但是也從那次後，兒子懂得了存錢。

除此之外，如果孩子是因為別的因素一下子花光了零用錢，我們一定不能心軟，只有這樣才能讓孩子對自己所犯的過失負起責任。另外，並不是將錢給孩子自由支配後，我們就可以放鬆理財教育了，還是要在日常的生活中，教給孩子「貨比三家」和「貨真價實」的道理。

當我們的孩子能夠自主的掌握自己的零用錢時，相信他在學習和其他方面的自律能力也一定不會讓我們失望。

別給孩子增加學習壓力

兒子上小學後的第一次考試成績並不理想，各科成績平均在八十分左右，這個成績在小學一年級來說，名次當然比較靠後。依稀記得兒子那天放學回來後的情形，低垂著小腦袋，一邊用腳踢路邊的石子，一邊用越來越小的聲音對我說：「媽媽，我沒考好。」說完，頭低得更低了，似乎已經準備好了迎接「暴風雨」。

我看著兒子的樣子，腦海裡出現了兩個媽媽。一個媽媽舉著孩子不及格的試卷大聲批評著：「你怎麼這麼笨？這道題目給你講過多少次了，怎麼這次又錯了？回去給我抄十遍！」另一個媽媽看著孩子看著孩子不及格的試卷，說的卻是：「孩子，媽媽相信你下次一定會考得更好，媽媽小的時候，有一次考得比你還差呢！媽媽給你做了你最喜歡的糖醋排骨，趕快洗洗手吃飯吧。」

兩個媽媽的不同反應，引起孩子的反應自然也不同。第一個孩子漸漸的產生了抗拒學習的情緒，然後逐漸演變成不想上學，甚至開始翹課。第二個孩子因為受到了媽媽的鼓勵，在今後的日子裡，更加認真的對待學習，並且逐步取得了進步。

這兩個媽媽都是我在生活中遇到的活生生的例子，做她們之中的誰？在看到兒子沮喪的走出校門的那一刻，我已經作出了決定。於是我並沒有批評兒子，而是摸著他的頭，說了句：「沒關係。」我的話顯然出乎兒子的意料，只見他低垂的小腦袋瞬間抬了起來，向我投來詢問的目光，為了讓他相信，我立刻擠出一個笑容，兒子這才放心了。快到家時，兒子忽然握著小拳頭對我說：「媽媽，我下次一定努力。」「媽媽相信你。」這一次，我對他報以了真誠的微笑。

我並非不在乎兒子的學習成績，對兒子的未來更是抱有殷切的期望。只是，給孩子過多的壓力，並不是讓他學習進步的好方法。記得那還是發生在我上高中時候的事情。面臨聯考，每個人心中都像壓著石頭一般的沉重。在一個夜裡，我接到了來自我的一個好友家的電話，電話裡，好友的媽媽哭著求我到她家去勸勸好友。當我趕到時，才知道我的好友因為不堪承受學習壓力自殺了，就在我趕來前的十幾分鐘，她從自家陽臺一躍而下。

雖然已經有十多年了，但是好友母親那一聲聲聲淚俱下的哭訴至今仍回蕩在我的腦海裡，「都怪我，孩子說身體不舒服，想休息兩天，可是我卻以她考試成績不理想而拒絕了，還逼著她做完一份考古題才能睡覺，誰知道這孩子……」直至今日，因為無法忍受學習壓力而選擇自殺的孩子仍不在少數，而且年齡也越來越小。這也是為什麼當我得知兒子的考試成績不理想時，沒有批評他，也沒有要求他下次一定要考好的原因。

沒有孩子不願意做一個讓父母驕傲的孩子，也沒有孩子天生抗拒學習這件事情。相反的，任何一個孩子都會以讓父母驕傲為榮，而且學習知識對孩子而言是一種探索，是他們十分願意去做的事情。唯一讓孩子在愛學習的路上越走越遠的原因，就是家長施加的壓力。當孩子卻無法完成父母的要求時，他們就會在產生挫敗感，從而漸漸失去學習的動力與信心。相反的，還有另一種情況，就是用過多的表揚給孩子帶來壓力。

我朋友曉鈴的孩子要比我兒子大幾歲，小男孩從上學起學習成績就一直不錯。這也是每次見面，曉鈴向大家炫耀的資本，當我們由衷的誇獎曉鈴的兒子時，她和孩子的眼中都流露出自豪的神色。但是從上了三年級後，小男孩的學習成績就直線下降。一次期末考試過後，天都黑了，孩子還沒有回家，這可急壞了曉鈴，於是連忙發動全家人尋找。最終，在社區花園裡的長廊中找到了孩子，孩子的手中握著一張數學試卷，臉上縱橫著淚痕，看見曉鈴後，更是哭得不能自已，並且邊哭邊對曉鈴說：「媽媽，我數學成績不及格，妳懲罰我吧，我讓你丟臉了。」兒子的哭聲和話語像鐵錘一般打在曉鈴的心上，她忽然意識到，自己的「炫耀」已經成為了兒子的負擔。她原本以為這對孩子而言是一種鼓勵，卻沒有想到兒子的榮辱心遠遠大於她的想像，而且在兒子幼小的心靈中，已經將好成績與媽媽的「面子」連結到了一起。

從那以後，曉鈴再也沒有在我們面前炫耀過孩子的成績。有幾次我們問起，曉鈴的回答都是：「我很滿意，我兒子從來沒有上過課外補習班，沒有額外的補習過英語，但是他的成績卻一直在中上等，而且每次都有進步。」說完，曉鈴就會看向兒子，然後孩子會向她投來感激的目光。除了不在學習上給孩子過多的壓力外，過度的誇獎也會給孩子造成一定的心理壓力，尤其是當父母將孩子的成績作為炫耀的資本詔告「天下」時，一開始孩子可能會感到驕傲，但是一旦孩子的成績出現下滑，那麼孩子就會感到恐慌，因為他將失去炫耀的「資本」。

因此，在面對孩子學習的問題上，用鼓勵代替懲罰和批評，用肯定代替誇耀和獎賞，讓孩子順其自然的去努力，而不是在媽媽的「強壓」下被動學習。這看似「中庸」的方式，才是為孩子減輕學習壓力的有效途徑。

專注力提升，學習效率翻倍

經常有家長問我：「孩子注意力不集中怎麼辦？」注意力不集中，其實就是孩子的專注力不夠，做事情總是三分鐘熱度，如果這種狀況表現在學習上，那孩子就無法完全吸收老師上課所講的內容，勢必會對學習成績有所影響。往深遠裡說，無論做什麼事情，如果沒有足夠的專注力，都無法長久的堅持下去。相對來說，專注力強的孩子，小到能夠認真把飯吃完，大到把一本書讀完，小到拼圖能堅持拼完，大到可以一人安靜的玩兩個小時，或者數年如一日的堅持踢球、跳舞，又或者堅持每個週末都回去看爺爺奶奶。

但是，判斷一個孩子是否具有專注力，不能單純的從孩子能否長時間做一件事上來看。從事教育工作這麼多年，我見過很多在家中口中缺乏專注力的孩子，他們雖然在課堂上常常表現出「坐不住」的現象，但是在遇到自己的喜歡的事情時，比如：讀故事書、搭積木等，就會表現出不同往常的專注力。

兒子的好朋友彤彤，在她媽媽的口中，就是一個注意力不集中的孩子，比如彤彤的媽媽讓彤彤練習小提琴，往往練不到十分鐘，彤彤就想要歇一會兒，有時候門鈴一響，彤彤甚至比大人們反應還快，這讓彤彤的媽媽十分不滿，「你說，她那是在專心練琴嗎？屋子裡稍微有一點動靜，她都能聽見。從小就是這樣，看書看不了兩頁，就想要玩積木，積木搭不了兩分鐘又想看卡通，眼睛看著卡通，耳朵裡還要聽著大人說話，時不時的插兩句嘴，做什麼都是三分鐘熱度……」在彤彤媽媽滔滔不絕的數落中，彤彤的頭越來越低。

通常情況下，孩子注意力持續的時間及專注的水準，與孩子的氣質、當時的身心狀態以及外界的環境等很多因素相關。在一般情況下，孩子的年齡越大，能夠堅持在一件事情上的時間就會越長，反之，年齡越小就越難以保持注意力集中。尤其是對於三歲以內的寶寶，他們是很難在長時間內做同一件事情的，往往一件事情做不了多久就會被其他事物所吸引，或者時不時的東張西望，而且也無法控制自己的思維，使之完全集中在正在做的事情上面。這是因為三歲以內寶寶，注意力是被動的，只有那些新奇的、能夠令他們感興趣的東西或者事物才能夠吸引住他們，而且在個時期，他們控制自己注意力的能力還比較薄弱。因此，在三歲以前的寶寶，如果出現所謂的「注意力不集中」，家長不要輕易給孩子貼上「注意力不集中」的標籤，因為那相當於在對孩子進行負面「暗示」。

隨著年輕的增長，孩子的專注力會隨之而提升。但是這並不意味著孩子能夠對每件事情都表現出十分的專注力來，因為每個人的專注力都是不同的。不要說孩子，就是我們大人，也很難在任何事情上都保持高度的注意力。在孩子的成長過程中，出於自身需要而產生的興趣，是最有驅動力的。即便是很小的孩子，如果遇到自己的感興趣的事情，都能夠非常專注，然後不受任何打擾的去做。

兒子三歲的時候，孩子的表舅送了一套樂高積木給他，絢麗的顏色和超酷的造型，立刻吸引了兒子，兒子立刻玩了起來。轉眼兩個多小時過去了，到了吃飯的時間，可是我喊了幾次「吃飯了」，兒子都像沒聽到一般。就在我準備上前將兒子「抓」

到飯桌前時，老公拉住了我手，示意我不要去打擾兒子，老公說：「孩子難得這麼專注，為什麼要打斷他呢？」可是在當時的我眼中，吃飯這件事要比玩積木重要得多，所以應以吃飯為主。

但看到老公自顧自的坐在餐桌前吃了起來，我原本張開的嘴又閉上了。那天，兒子一直玩到了晚上八點多才發覺自己忘了吃飯，當他吃過飯已經八點半了，九點半上床睡覺，我擔心孩子會因此而消化不良。當晚，便責怪起老公的縱容來。

「如果他真的感覺到了不舒服，那麼下次他就會按時吃飯。所以這不見得是件壞事。」老公反而振振有辭，見我一副不為所動的樣子，老公又繼續說道：「孩子的專注力，不是妳說讓他專心點，他就能專心點，而是透過一些小事培養起來的。就好比今天，如果妳在他投入時候，打斷了他，並且經常性的如此，那麼他就不懂什麼叫做專注了。」說到這裡，老公試探性的看了看我。我承認老公說得很有道理，我似乎總是在無意中充當了兒子專注力的「破壞者」。

後來又有幾次，兒子正在專心的玩，我卻拿著水果試圖叫他一起吃，但是喊了一遍兒子沒有聽到後，我便再也沒有喊第二遍。水果可以等會再吃，就算吃完了還可以再買，但是孩子能夠專心致志做一件事情，並不是隨時隨地都可以。漸漸地我發現，一旦投入到自己喜歡的事情當中，兒子總是像穿了「金鐘罩」一般，絲毫不關心其他事物的變化。當孩子全身心投入到一件事情當中時，家長能夠做的事情，就是不打擾，哪怕你認為孩子此時應該喝水了，應該吃飯了，應該睡覺了，甚至是應該需要你出手相助了，也不要貿然打擾孩子，不去做那個「打擾者」。從另一個角度而言，培養孩子獨立完成一件事情的能力，也是培養孩子專注力的方式。另外，堅持一項體育鍛鍊或是特長培養，也是培養專注力的有效途徑。

七歲的時候，兒子的學校舉行了一次免費的圍棋教學，兒子參加後回來，便嚷嚷著要學習圍棋。我擔心他年齡太小，無法一坐就是兩三個小時，但是經不住兒子的央求，最終答應了他。那天，我去圍棋班接兒子放學，原本以為全是孩子的教室會亂哄哄的，沒想到卻出奇的安靜，一屋子的孩子，全都拿著一根筷子從一個碗裡，往另外一個碗裡夾黃豆。忽然，下課鈴聲響了，有的孩子為之一震，黃豆掉在了地上，隨之而來的就是一臉的沮喪。我連忙向兒子望去，只見兒子像沒有聽到一般，平穩的將一顆黃豆夾到了另一個碗內。再看每個孩子的碗裡，有的黃豆多，有的黃豆少。原來，學習圍棋要先學會夾黃豆呀，我覺得很有趣，同時也對圍棋老師的教學方式產生了好奇。

等了大約十幾分鐘，兒子終於將所有的黃豆都夾到了另外一個碗裡。從教室走出來一看見我，就對我說：「媽媽，我掉的黃豆最少，老師說我可以提前學習圍棋。」

「意思是說，只有夾黃豆過關了，才能學圍棋嗎？」我饒有興趣的問。

「那當然了。」兒子白了我一眼，彷彿我問了一個十分愚蠢的問題，「原本我們要連續夾十天呢，如果過不了夾黃豆這關，就會被開除，沒有資格學圍棋。」

聽到這裡，我似乎明白了老師的用意，老師希望用這種辦法鍛鍊孩子們的專注力，如果能夠靜下心來將黃豆夾好，那麼坐下來下兩三個小時的圍棋就不是什麼難事了。最後，兒子和另外一個年齡稍大一些女生提前了兩天從「黃豆班」畢業，開始了正式的圍棋學習。

時間對每個人都是公平的，誰也不會多一秒，但是在有限時間裡，是否能做更多的事情，學習更多的知識，就是因人而異了。同樣是一節課的時間，注意力集中的孩子相比較於注意力不集中的孩子，學習效率就要高得多，自然學習成績也就好得多。

適當尊重孩子自己的學習方法

上學後，兒子經常和鄰居家的小女孩彤彤一起寫作業，有時在她家有時在我家。

那天，兒子放學後，就直接進了彤彤家，在彤彤媽的邀請下，我也跟著走了進去。兩個孩子坐在一起寫作業，兩個大人就坐在一旁小聲的聊著天，但是我們的聊天過程並不順利。

「彤彤，頭抬高一點。」彤彤媽發現彤彤的頭有點低了，於是立刻大聲提醒道。聽到媽媽的提醒，彤彤立刻將頭抬了抬，兒子怯怯的看了我一眼，也微微的直了直身子。

過了一會兒，彤彤媽媽的聲音再次響起：「妳前面的題還沒寫完呢？怎麼先跳到後面的題了？」彤彤撇了撇嘴，小聲解釋道：「後面的題難，我想先把難的做完，再做簡單的。」

「那這要是在考試呢？」彤彤媽瞪著眼睛問，「考試妳先做後面難的，把時間全浪費了，到時候前面簡單的題都沒時間做了，後面的難題還不一定答得對！」

「考試的時候我就順著寫了。」彤彤的聲音越來越小。

「這是習慣問題，妳現在養成了這種習慣，考試的時候很難改過來。」彤彤媽並沒有因為彤彤的話而停止，又繼續嘮叨了一番，直到彤彤乖乖將練習卷翻過來，從頭開始做才停止。

然而，沒過多一會兒，彤彤媽的聲音又再次響起：「看圖說話怎麼只寫了這麼兩行？」

「人家就要求寫五十字。」彤彤指著題目解釋道。

「那就不能多寫一點，我讓你寫了那麼多篇讀後感白寫了？」彤彤媽用手指著練習卷，發出刺耳的聲音。

「我根本就不喜歡寫讀後感，都是妳逼著我寫的。」彤彤的聲音陡然提高，將我嚇了一跳，兒子原本低著的頭也抬了起來。看到我和兒子都在注視著她們母女二人，彤彤媽媽息事寧人般的把練習卷放在了桌子上，然後要求到：「重新再寫一遍。」

我正想勸勸彤彤媽，兒子卻背著書包走了過來，小聲對我說：「媽媽，我寫完了，我們回家吧。」我只好帶著兒子告辭了，回頭正好瞥見彤彤坐在桌子前用力的寫著，似乎還有眼淚落下來。我想對彤彤媽說：「孩子有自己的學習方式，我們不要多加干涉。」可是兒子使勁的拉著我的手往外走，我到了嘴邊的話又吞回到了肚子裡。

回到家中，兒子坐在客廳看卡通，我在廚房裡準備晚飯，眼前卻不斷浮現出彤彤努力憋著眼淚重新寫作業的情形。記得之前與兒子一起看《窗邊的小荳荳》時，兒子在看到小荳荳在電車教室裡的學習後，羨慕不已。

「媽媽，要是我們學校也能像小荳荳的學校一樣就好了，可以先從自己最喜歡的那門學科學起，而不是像我們學校這樣，每天都按照學校的安排上課。有時候剛上完體育課就要上國文課，我的心思還在踢球上呢，就要開始讀課文了。我覺得體育課應該安排在最後一節課，這樣上完課就直接放學，運動後，我還能多吃點飯呢！」兒子的話引起了我的共鳴，但是如果學校將所有班級的體育課都安排在最後一節課，操場上能容得下嗎？有那麼多體育老師嗎？

我疑問讓兒子陷入了沉思，在確定自己的建議並不可行後，兒子仰著頭向我提出了一個差點驚掉我下巴的要求，「媽媽，要不你也開個『巴氏學園』(《窗邊的小荳荳》中，小主角就讀的學校名叫「巴氏學園」) 吧，也用電車當教室，也別給我們規定必須先上什麼課，再上什麼課。」

「這個……媽媽考慮考慮，畢竟開一個學校的成本有點大，而且萬一招不到學生，那媽媽可就賠錢了。」我哭笑不得的對兒子許下了「承諾」。

雖然沒過多久，兒子就忘了讓我開學校的要求，但是從那之後，我了解到，孩子有自己掌控學習方式的欲望，家長和學校的方式再好，如果不被孩子接受，那對孩子的學習也起不到促進的作用。就像彤彤的媽媽一樣，她總是希望彤彤按照她的方式進行學習，認為自己的方式才是正確的，才是最有效率的，殊不知孩子的方式也沒有錯，而且讓孩子按照自己的學習方式學習，孩子才能夠享受其中。作為孩子最信任和最依賴的人，當我們發現孩子的學習方法不夠有效時，及時幫助和鼓勵，告訴孩子一些行之有效的學習方法是對的，但是絕不能將自己的方法生硬的套用在孩子身上，畢竟每個人的讀書習慣和思維方式不同，家長的學習方式未必就適合孩子。

我曾接觸過一個孩子，姑且稱他為小睿吧。這個孩子的作文寫得非常好，上三年級時，作文就被評為「優秀作文」，並刊登在我們當地的小學生報紙上。可能孩子的媽媽有意培養孩子這方面的才能，就將孩子送到了一個作文補習班中。每次老師在他寫完作文後，都會對作文進行一些點評，並寫上建議。回家後，孩子的媽媽都會仔細的將老師修改的地方和批語看一遍，然後要求孩子按照老師批改後的樣子，再重新寫一篇。起初，孩子還能照做，以為當自己寫的足夠好了以後，媽媽就不會要求自己重新寫了。卻沒有想到，每次媽媽都會要求自己重新寫，即便作文老師都認為寫得非常棒了時，媽媽也會因為錯了幾個字而讓自己重新寫一遍。

孩子為此提出過異議，但是孩子媽媽卻說：「作文就是靠累積的，要多寫，寫得多了，自然就下筆如有神了。」孩子吵不過媽媽，只好照做，但是學習的熱情卻如即將熄滅的燭火，越來越暗了。

其實在學習方面，家長只需要做個「指導者」就可以了，不要參與其中，更不要干涉孩子的學習。因為只有在輕鬆的環境下，孩子才能更好的發揮潛能，不將學習作為負擔的進行下去。

把數字融到生活中，讓孩子愛上數學

我小時候上學時，父母和老師就經常在我耳邊說：「學好數理化，走遍天下都不怕。」所以在我的求學生涯中，一直將數學作為我的「頭號敵人」，努力去攻克。然而，效果卻與我的努力不成正比，一直以來我的語文成績都比數學成績要好得多。後來到了高中，看到那些數學好的孩子，在學起物理化學來更加省力，就更加堅定了數學在我心中「標竿」一樣的位置。再後來到了工作中，我發現，那些上學期間數學成績好的人，在邏輯思維能力上，要比那些不喜歡數學的人更強。就算是對最不需要數學知識的文字工作者而言，數學好的人其文章的邏輯都更加嚴謹。

因此，從兒子一出生，我就將培養兒子的數學學習能力標上了重點，只是我不像我的父母般，僅僅告訴孩子一句「學好數理化，走遍天下都不怕。」而是將「數數」貫穿到了兒子成長中的每一個階段。

兒子剛出生時，我就每天一邊數數一邊給兒子做「寶寶被動操」，結果我驚喜的發現，一段時間後，兒子果然可以聽懂我的口令。後來到了兒子六個月的時候，老公給兒子買了很多鍛鍊握力的小球，我經常拿著這些小球跟兒子做遊戲。一個猛然的機會，我發現這些小球，也是可以用來做「教具」的。於是我從兩個球開始，當兒子一手拿一個球的時候，我便會對兒子說：「左手拿一個球，右手拿一個球。」時間久了，不管兒子面前放幾個球，只要我一說「左手拿一個球，右手拿一個球」時，兒子就會一手拿一個球向我們炫耀似的示意。

如果說三歲的兒子聽得懂我的數字口令僅僅是機械式的重複，那麼當兒子能夠明白一手拿一個球的口令時，則完全能夠說明，此時的他已經弄懂了「二」的概念了。有一次，當我把這個發現當作案例講給其他家長們聽時，其中一個家長告訴大家，曾經有研究者對此做過實驗，即不斷給三個月的嬰兒看一些電腦畫面，這些畫面中無一例外地都包含有三個氣球、三隻熊、三朵花這三樣東西，當研究者偶爾將這些畫面改變，變成兩朵花、兩隻熊和兩個氣球時，正在吮吸的小寶寶會呼吸變快或是看得更久，這說明他們覺察到了數量的差異。

當我把這個研究轉告給我的閨蜜時，那個最先告訴我們這個理論的閨蜜，立即表現出一副「妳看，我說的對吧」的表情。後來，我便將有意識的將數字融入到生活中當作了一種習慣。比如，當兒子學會走路時，我便會隨著他的腳步，數著「一、二、三、四……」；當與兒子一起爬樓梯時，我會一邊上臺階，一邊數「一、二、三、四、……」，直到臺階消失；當我給兒子拿水果時，會對他說：「你一個，爸爸兩個」；當我們看到商店櫥窗裡的人偶時，我會指著對他說：「兩個人」……就這樣，凡是生活中可以用到數字的地方，我都會加上數字。

兒子還不到兩歲時，就能跟著我一邊數數，一邊上樓梯，有一次被鄰居撞見，鄰居吃驚的說：「天哪，妳兒子太聰明了，這麼小就能數到十一了，我孫子都三歲了，數到五都有困難。」

不可否認的是，天性聰明的孩子學習東西會更快一些，但是媽媽的有意培養也是不可缺少的元素。就在我這樣不知不覺的影響中，兒子的數學成績一直不錯，上幼稚園時，學習算術基本不怎麼費力，老師誇獎他，兒子卻說：「那些數字就像印在腦子裡一樣，不用想，就自己出來了。」也正是因為如此，還沒上小學，兒子就對數學表現出了濃厚的興趣。

但是這個方法對於已經長大的孩子就不管用了，如果我們對著一個已經上小學或是上國中的孩子反復強調數字，恐怕會令孩子反感。對於這種情況，就要使用更加高明的方法了。我老公的哥哥是高中數學老師，但是他們孩子語文成績每次都能名列前茅，但是數學成績卻有些羞於見人，後來逐漸演變成討厭數學，一上數學課就想睡覺，要不就是就是偷偷在課桌下面看課外讀物。

老公的哥哥對此十分頭痛，孩子已經上了國中，打罵對於孩子而言只能起到相反的作用，經過幾次推心置腹的談話，也沒能讓孩子重拾起對數學的熱愛。後來老公的哥哥便每天陪著孩子一起寫作業，一旦孩子遇到不會的數學題，就立刻走上前去幫忙分析解答。起初，孩子還算配合，但是有一次因為一道題目兩人產生了分歧，老公的哥哥有些生氣，脫口而出一些批評的話語，孩子也不甘示弱，反唇相譏道：「我以後也不打算當數學家，我要當作家！有個作家說了，要當作家，數學具備國中水準就可以了。」

孩子的話讓老公的哥哥再無反駁之力，但同時也點醒了他，孩子認為數學沒意思，不喜歡數學，很大程度上是因為他覺得學了也沒用，就好比從不打算出國的人，認為學英語沒用一樣。當孩子認為所學的內容沒有用時，這些知識在他的大腦中就相當於人身體的上的贅肉，是多餘的，是充滿惰性的。因此，想讓孩子愛上數學，首先要讓孩子體會到數學對於人類的意義，也就是在生活中無處不需要數學。

想到了這裡，老公的哥哥為自己的孩子設了一個「局」。在一次晚飯過後，老公的嫂子拿著手機邊看邊發出疑問：「這該怎麼選呀？怎麼選都會死呀！」嫂子的疑問自然引起了全家的注意，紛紛聚集到嫂子身邊一探究竟，嫂子見孩子也湊了過來，便將自己正在看的內容念了出來：「有一個人不小心，開著車衝下了懸崖，汽車幸運的架在了粗樹枝上，懸在半空中沒有掉下去，他想打電話求救，卻發現手機掉到了車廂的另一側。怎麼辦？拿手機有可能令汽車失衡，馬上摔下懸崖；不拿手機只能等人發現，時間長，不確定的因素又多。那麼哪種選擇生還的可能性更大呢？」

嫂子念完，一家人都陷入了沉默。孩子最先打破了沉默，說道：「直接呼救不就行了嗎？」「我早就想過了，可是萬一要沒人聽見呢？」嫂子否定道，一時間大家又陷入了沉默。

「我來試試。」老公的哥哥擲地有聲的說，他拿來了一張白紙，然後在白紙上類比出當時的情況，接著就開始在紙上演算起來，不一會兒，答案就出來了。「爸，你太厲害了，這都能算出來。」孩子由衷的讚嘆道。

「其實也不難，就是使用三角函數和力學的原理，將受力點找到，這樣就能作出判斷了。」老公的哥哥假裝謙虛的回答。

「什麼是三角函數？」孩子興趣大增。

「你們高中時就學到了，不過我先給你簡單的講講。」之後，老公的哥哥便將三角函數的原理講給了孩子聽，孩子聽完後還意猶未盡的拿著那張演算紙回到自己的房間繼續琢磨。從那以後，孩子開始變得不再排斥數學。後來上了高中，大家都以為孩子會選擇念文科，因為他的志向是成為一名作家，但是孩子卻選擇了理科，原因就是他覺得如果能研究原子彈，那也是十分有趣的事情。

學校教給孩子的知識，都是凌亂的知識點，能夠主動去尋找他們之間的聯繫，並且激發出自己興趣的孩子並不多，更多的孩子都是機械式的學習，為了考試而學習，當有一天不再需要考試了，相信這些知識就會立刻「還給」老師。而我們家長能做的，就是用思考和實踐，將這些知識點織成一張網，讓孩子們自發主動的去探尋其中的奧祕，化被動學習為主動探索。

保護好孩子的想像力，寫作文不發愁

李默的兒子上四年級了，有一次我去她家做客，正巧碰到她兒子在寫作業，但是寫不到一會兒，就將作業紙撕下來，然後揉成一團，狠狠的扔進垃圾桶裡，我順著拋出的紙團的弧度望去，垃圾桶裡已經安靜的躺著七八團了。

「我兒子在寫作文呢。」不等我問，李默就開口解釋道：「他不怎麼會寫作文，每次考試作文都要扣好幾分，老師總說他的作文沒有想像力。今天老師又出了一篇作文作業——《寫給二十年後的自己》，一回來就問我怎麼寫，我要是告訴他了，那還是他自己想出來的嗎？我就沒教給他，讓他自己想呢，這都快一個多小時呢，連一行都沒寫出來。」李默的語氣裡參雜著「恨鐵不成鋼」的怨氣。

可能是被當著外人的面批評讓孩子很沒有面子，本來還在安安靜靜寫作文的孩子，忽然站了起來，朝著他媽媽喊道：「我怎麼知道二十年後是什麼樣？說不定我早死了！」說完，氣鼓鼓的離開座位，將房門「碰」的一聲關上了，那聲音大得將我和李默嚇得一驚。看李默的樣子也是超級生氣，但是礙於我還在，將滿腔的怒火化作了一小聲嘟囔：「學習不怎麼樣，脾氣還挺大……」李默還想繼續說下去，卻被我用眼光制止了。

「我覺得孩子說得也有道理，以他現在的年齡怎麼會去想二十年以後的事情，所以不會寫也是正常的。」我寬慰李默道。

「話是這麼說，可是要是考試怎麼辦？這作文占了整張考卷近三分之一的分數，這還有兩年他就要上國中了，我能不著急嗎？可是妳說，這想像力該怎麼培養呢？我幫他想了，那就是我想的，讓他自己想，他又想不出來。」李默的眉頭越皺越緊，絲毫看不出來她在職場上出類拔萃的樣子。

「其實，想像力不是靠培養的，而是靠保護的，因為孩子的想像力是無窮大的，只是被我們做家長的給扼殺了。」我看著李默的眼睛，無比真誠的說。但是顯然李默並不同意的我說法，因為擺在她面前的，就是一個沒有想像力的兒子。

「為什麼孩子玩扮家家酒遊戲能夠玩得那麼開心，可以面對空無一物的盤子吃得津津有味，但是大人卻在這種遊戲中體會不到快樂呢？原因就在於大人沒有孩子具有想像力，孩子可以將空盤子想像成裝滿了山珍海味的盤子，但是在大人卻認為那就是一個空盤子。」我繼續說道。

李默似乎對我的話有點贊同了，她緊皺的眉頭，有些舒展開來。

「記得我兒子一歲多的時候，有一次上完大號後，一邊急忙拉著我的手去看，嘴裡一邊念念有詞的說著『兔兔、兔兔』，說得我丈二和尚摸不著頭腦，但當我看到他的小馬桶兩根豎起的變便時，我忽然明白兒子口中『兔兔』的含義，原來在兒子眼裡，那兩根豎起的便便就好像是兔子的兩隻長耳朵。換做大人，我想無論如何也不可能將那麼噁心的東西想像成如此美好的事物。」

我的舉例，逗笑了李默，她隨口讚嘆道：「妳兒子太可愛了。」

「難道妳兒子就沒有這麼可愛過嗎？」我雖然是在問她，但是卻早已有了肯定的答案。

「我兒子小時候可淘氣多了。有一次，他把一件花色的衣服扔在地上，用腳踩來踩去，然後還興致勃勃的拉著我去看，對我說『蝴蝶』，我仔細一看，確實很像蝴蝶。但是再看到被揉成一團的衣服，上面還沾了水漬，就氣不打一處來，狠狠的將我兒子罵了一頓……」說到這裡，李默忽然恍然大悟，「哎呀，我兒子的想像力就這樣被我扼殺了！」李默的眼睛中閃爍著驚恐的目光，彷彿還不敢相信自己就是那個扼殺孩子想像力的「劊子手」。

孩子天生具有想像力，只要家長能夠做到不限制，那就是最好的培養。隨著閱歷的增長，大人的想像力會受到經驗和常識的束縛，如果自身又是缺乏想像力的人，那在培養孩子想像力方面的能力是十分有限的，用這種有限的能力去培養孩子無限的可能性，這就好比用一把刻度有限的尺，去丈量無邊無際的大海一樣，不但不能令其發揮得更好，反而會成為一種束縛。在這一點上，我另一個朋友馨月做得就比較好。

馨月的老公是做房地產生意的，資本雄厚自然不必多說，這也讓馨月得以不必為生活發愁，專心開發自己的繪畫才能。一次，馨月搬了新家，我們一起到她家做客。新家裝修的十分講究，但是有一面牆卻很奇怪，既沒有擺放任何東西，也沒有懸掛任何裝飾。

「這面牆為什麼空著呀？」我指著牆面，滿腹的疑問。

「哦，那是留著畫畫用的。」馨月正在沏茶，頭也不抬的回答我。

「你不是畫油畫嗎？現在想壁畫了？」

「不是我畫，我給我女兒畫。」馨月糾正道，抬起頭正好看到我驚訝的合不攏的嘴。

馨月又繼續說道：「你之前去我們舊家的時候，不是看到我家牆上到處都有彩筆印嗎?那就是我女兒的傑作，有一次我居然覺得那些線條和顏色也挺具有美感的。後來我老公就提議，在新家專門留出一面牆來讓孩子創作，一面牆粉刷一下才多少錢，但是孩子的創作能力卻是無價的，說不定呀，將來我女兒青出於藍而勝於藍呢!」說完，馨月咯咯的笑了起來。

「你們藝術家培養孩子的方式都不一樣!」我打趣道，一回頭，正巧碰上兒子的目光，那目光裡盡是羨慕與嚮往。那天的聚會，兒子的視線就沒有離開過那面牆，不時的出神想著什麼。兒子也很喜歡畫畫，他兩歲多的時候，有一次畫了一幅畫，上面只有亂七八糟的線條，根本看不出個所以然，但是兒子卻煞有其事地向我介紹道:「媽媽，這是恐龍，恐龍被關進動物園了。」我順著兒子小手的移動，睜大眼睛分辨著，也沒有看出來哪裡是恐龍，哪裡是動物園。但是依舊很捧場的誇獎了兒子一番。

得到鼓勵的兒子對畫畫更熱衷了，而且不再滿足於畫在紙上，有好幾次試圖將「魔掌」伸向白白的牆壁，但是都被我及時制止了。但是聽了馨月的話後，我忽然意識到，自己不正是在限制孩子的想像力嗎?孩子的想像力，就是在「這不能動」、「那不許碰」的限制中逐漸消失殆盡的。

於是，那天我沒有直接回家，而是帶著兒子去了文具店，然後買了很多張大大的紙，那些紙足夠覆蓋一面牆了。兒子還不知道我買紙要幹嘛，當得知我是買來給他畫畫時，兒子馬上陷入了沉思，很久才問我：「媽媽，家裡能鋪的下這麼大一張紙嗎？」

「能！」我肯定的回答他。

一進家門，我就利落的將一面牆空了出來，然後將我買的白紙貼在了牆上。想了想高處兒子也畫不到，於是就貼到了半截。貼完了，便指著那面牆對兒子說：「兒子，這以後就是你的創作牆了！」兒子此時才明白了我的意圖，歡呼著衝進自己的房間，然後拿出了彩色筆，立刻在牆上塗畫了起來。

老公一回家，就被眼前的一幕驚呆了，隨後指著兒子的隨筆塗鴉問我道：「妳又不打算讓兒子當音樂家了？這是要培養畫家嗎？」

「不！不！不！」我連連擺手說，「我並不是想培養兒子的藝術細胞，也不是在慫恿他搞破壞，而是想給他一個無拘無束的童年，讓他在自信快樂的思考方式裡成長，這便於激發他今後的潛能。」

老公聽後，微笑著點了點頭，隨即向我豎起了大拇指。愛因斯坦說過：「想像力比知識更重要，因為知識是有限的，而想像力概括著世界的一切，推動著進步，並且是知識進化的泉源。」一個富有想像力的孩子，不僅僅在面對作文時不會發愁，在其他更方面也能夠表現出不同尋常的思考方式。每個媽媽都想培養出一個卓越的孩子，但是我們的做法卻與說法大相徑庭，一邊鼓勵孩子大膽的去創造，另一方面又限制孩子的行為，讓孩子變得膽小慎微。其實，允許孩子「淘氣」，甚至不去阻止孩子犯錯誤，或是作出一些違反常規的事情，這樣才不會壓制孩子的探索意識和創作能力。

從興趣入手，英語變得超簡單

兒子上一年級以前，我有意識的培養了他學習數學和語文的能力，卻忽略了學科中的另一座大山——英語。因為在上學前兒子甚少接觸英語，因此一年級上半學期，兒子明顯感覺學習英語有些吃力。再加上教兒子英語的老師是一個剛畢業的新老師，還不能完全掌握小學生的學習節奏，導致兒子學習英語的熱情越來越低。

我看在眼裡，急在心裡，為此特地向我一個專門從事英語教育的朋友請教了方法，朋友只告訴了我一個訣竅，那就是「背單字」。兒子倒也聽話，我讓他背單字，他就老老實實的背單字，但是每次看著孩子表情痛苦的對著英語課本苦讀時，我就有種內疚感，這樣逼著孩子學習真的對嗎？學習不應該是一件快樂的事情嗎？死記硬背或許能夠應付小學期間的英語學習，那麼上了國中和高中呢？難道上了大學以後也要靠這種「艱難」的方式學習英語嗎？

「學習是學生自己的事，不調動他們的積極性，不讓他們自己學，是無論如何也學不好的。」因此，自從逼著兒子學鋼琴未果後，我便一直堅持一個理念，就是讓孩子從他自己感興趣的事情中學習，但是現在要讓孩子從自己不感興趣的科目中，產生學習的積極性，那可就不是一件簡單的事情了。

雖然勤背英語單字讓兒子的英語成績跟上來了，但是我仍有深深的焦慮，死記硬背或許能夠讓孩子應付小學期間的英語學習，那上了國中、高中呢？面對高深的文法問題，那就不是死記硬背能夠攻克的難題了。當務之急，是想辦法讓孩子對英語產生興趣，化被動的學習為主動的學習。

於是我想到了兒子最喜歡的樂高玩具，因為是外國生產的，所以說明書都是英文的，但是由於出口到臺灣的說明書都是有中文翻譯的，所以兒子從來不看英文版的。因此，我專門託人從國外帶了最新一款的樂高玩具，兒子看到後果然很開心，但是當他打開說明書後，才發現上面全是英文，立刻便有點像當頭被澆了冷水。我瞄準時機，連忙拿起那本說明書，用誇張的語氣說道：「果真是最新版的誒，這在國內都買不到的。」說完，我又連忙喊來老公，老公的英語一直不錯，因此看了兩眼說明書，又查了幾個專業詞語後，就將上面的內容給兒子翻譯出來了，看著兒子一臉崇拜的看著他老爸的樣子，我知道這筆錢花得值了。

但是僅僅是一張說明書，還不足以讓孩子完全投入到學習英語的熱情當中去，當他將這套玩具研究透徹以後，就不再對那張說明書感興趣了。但是這之後，他對背英語單字就不怎麼排斥了，用他的話說就是：「認識的單字多了，就能像爸爸一樣看懂說明書了。」

就在我苦思冥想還有什麼辦法時，兒子對我提出了一個要求，他想看《獅子王》，因為他的同學對他說這部電影非常好看。機會自己送上門來了，我連忙找來了《獅子王》，只不過是全英文版的，連一句中文翻譯的字幕都沒有。兒子看了個開頭，就忍不住對我抱怨道：「媽媽，你怎麼弄了一個英文版的回來呀？」

「你懂什麼呀？看這種電影，就得看英文原版的，經過中文翻譯的，整體氛圍就被破壞了。」我一本正經的回答兒子。

聽到我這樣說，兒子嘟著小嘴繼續看下去了。很快的，他就忘記了這點不愉快，完全被劇中精彩的情節吸引了。看到最後，老獅子王去世前對小獅子王說的話時，兒子雖然看得一知半解，但是卻感動的流下了淚水。看來，根據自己零星掌握的單字和猜測，兒子已經將劇情看懂了。而且這一看，就一發不可收拾。我們先後看了《獅子王》的所有系列，然後又看了《冰原歷險記》、《馬達加斯加》、《里約大冒險》等，全部都是英文原版，沒有中文翻譯的。後來有一次，無意間看到了翻譯版的《功夫熊貓》，兒子竟然說：「翻譯的太沒意思了，還沒有他自己『腦補』的有意思。」

愛上英語電影後，兒子對英文原版書也突然感興趣起來。有一次我們去書店，他為自己挑了一本兒童英文版的《祕密花園》，我還沒付款，他就催著我趕快回家，因為故事開頭裡有一個單字他不認識，也沒有猜出意思，所以要急著回家查英文詞典。就這樣，兒子半是猜測，半是理解的竟將一本英文書看完了。當我將這件事情告訴他人時，每個人都直呼不相信。鄰居彤彤的媽媽聽說後，也連忙到書店買來了同樣一本書塞給彤彤看，還附言道：「讀這本書有好處，能夠激發妳對英語的興趣。」兒子每當看到彤彤皺著眉頭坐在陽臺上看這本《祕密花園》時，就會同情的對我說：「媽媽，彤彤太可憐了。她說她原本蠻喜歡學英語的，但是她媽媽總是逼著她看看不懂的書，還非得讓她自己查著詞典看，現在她都有點厭惡學習英語了。」

在這裡，我想說孩子的興趣是激發出來的，而不是威逼出來的。當孩子對某種學科感興趣時，他才能感受到樂趣，樂趣會使頭腦中釋放「內啡肽」，讓孩子處於一種極為放鬆、無壓力的狀態，並且想重複這種體驗，這是孩子能夠主動自發學習的根源。如果家長使用強硬的手段去逼迫孩子對某種學科產生興趣時，反而會取得適得其反的效果，如果給孩子的壓力過大，還會令孩子產生厭煩，更不要說釋放「內啡肽」了。

因此，想讓孩子產生學習興趣，靠強制是行不通的，而是要去創造、增大或植入學習裡孩子在乎的價值，以此令孩子感到樂趣和開心。當孩子從中體會到樂趣和開心了，那麼學習興趣自然也產生了。

第五章　良好的親子關係是家庭教育的前提

不管何時，請挺孩子到底

在一次講座中，我講到應「無條件」的接納孩子和愛孩子的時候，一個家長對此提出了質疑，「如果孩子做出讓自己丟臉的事情呢？也要無條件的去愛他嗎？」

我的回答是「是。」

「這樣難道不是在縱容孩子繼續犯錯嗎？」

我的回答是「這是在幫助孩子改正。」

很多父母可能不知道，當孩子來到這個世界上時，他們都期待著被呵護、被接納，然而有的家長做到了，有的家長卻沒有做到。一旦孩子在家長那裡感受到了惡意、不友善的對待，孩子就會立即感到受傷、感覺被背叛。家長可能不是有意而為之，但是對於孩子那顆敏感的心靈而言，那就是一種傷害。因此，就算孩子的所作所為讓我們很丟臉，甚至讓我們憤怒時，也請堅定的站在孩子身邊，讓孩子感受到「媽媽在挺你」。

隨後，我給這位家長講了一個小故事：有一天，布蘭帶著她八歲的女兒逛百貨公司買鞋子，正巧廣播裡播放了一首十分流行的歌曲，她的女兒竟當場隨著音樂跳起舞來。女兒奇怪的舞姿立刻吸引了其他顧客的注意，其中幾個打扮高貴的女人一邊看著布蘭的女兒，一邊竊竊私語，布蘭從她們臉上看到的不是欣賞和鼓勵，而是嘲笑與譏諷。

布蘭的女兒似乎也注意到了這些，她停下了動作，不知所措的看著自己的媽媽，眼神中流露出無助，似乎在向媽媽詢問「接下來，我該怎麼辦？」布蘭當時也感到難為情極了，但是她卻沒有表現出來，而是看著自己的女兒說：「妳還可以加進稻草人的動作。」女兒聽到布蘭的話，眼睛裡立刻放射出光芒，又繼續開心的跳起舞來。而布蘭也停止了挑選鞋子，站在一旁專心的看著女兒的即興表演，因為她不想「背叛」自己的女兒。

「如果換做是你，你會怎麼做呢？」我問那位提出質疑的家長。

「我……可能做不到布蘭那樣，或許會直接拉著孩子走掉。」那位家長思索了片刻，回答我說。

「我相信大部分家長都會這樣做，但是這是拯救了我們自己，讓我們不處在尷尬之中，但是卻背叛了孩子。因為我們的背叛，孩子也感到了羞恥，這種羞恥會讓孩子變得自卑和懦弱。」我的話音剛落，另一個家長站了起來，她十分贊同我的說法，因為在她的身上真實的發生過「背叛」的事件，她稱「那種心靈的傷害，這輩子也癒合不了。」

那還是在她上小學的時候，她的班導丟了五百元，因為當時只有她進過辦公室，所以被班導列為頭號懷疑對象，不僅在辦公室裡「逼供」，還叫來了警察，並打電話叫了她的媽媽。當時站在辦公室裡的她天真的以為只要媽媽來了，就能「救」自己。卻沒有想到，她媽媽進了辦公室的第一件事，竟是朝著她的臉狠狠的打了一巴掌，然後說的第一句話就是：「妳這個不爭氣的東西，為什麼要偷錢！」

說到這裡，這位家長忍不住哽咽了，平復了許久，她才繼續往下說。她的媽媽沒有安慰她一句話，也沒有關心她被老師打得痛不痛，而是一直跟老師道歉，求員警放過女兒。當最後一根「救命的稻草」也放棄了她時，她想到了死。她衝到了辦公室的窗戶前，打開窗戶就要往下跳。結果被眼疾手快的警察抱了下來。最後，還是素不相識的警察為她開脫了罪名，因為翻遍了她所有的口袋，都沒有找到那五百元。就在媽媽帶她回家的路上，還不放心的追問她，是不是把錢偷偷花掉了。她說自己當時連解釋的力氣都沒有了。

最後，老師才發現那五百元掉到了桌子下面，雖然還給她清白了，但是被自己媽媽「背叛」的傷痛，卻永遠也癒合不了了。

這位家長說完，整個教室裡陷入了可怕的安靜之中，大家似乎都在尋找自己曾經被「背叛」的痕跡和「背叛」自己孩子的時候。結束時，每個人臉上都帶著不同的表情離開。

如果不是這位家長的親身經歷，可能大家都無法意識到那種父母的背叛，比來自同學的欺負、老師的冤枉的痛還要痛，更要命的是這種「痛苦」會深深的烙印在孩子的心上，就算他長大成人了，為人父母了，也無法消散。

或許有人會質疑，如果孩子是真的犯了錯呢？也要這樣無條件的維護孩子嗎？我想說的是，不是去維護，而是給孩子一個公正的對待。從我兒子上學以來，我唯一一次被老師「叫家長來談談」，是因為兒子在學校打架了。我當時聽到這個消息，心裡很震驚，因為我一直認為兒子能夠很好的處理和同學之間的矛盾，怎麼就會打起來呢？

我心中帶著無數個問號來到了兒子老師的辦公室，一進辦公室，就看到臉上帶著傷痕的兒子面朝牆站著，我幾乎就要衝上去問他：「為什麼跟同學打架。」但是在看到兒子眼神的那一刻，我改變了主意，我在兒子的眼神中看到了「信賴」和「渴望」，我又怎麼能讓兒子失望呢？於是，我輕輕的攬過兒子，仔細的看了他臉上的傷，並輕聲的問他：「還痛嗎？」兒子咬著嘴唇搖了搖頭，但隨即又點了點頭，眼底的淚花若隱若現。

見到我來了，老師也走了過來。向我說明了當時的情況，當聽到有人喊「打架啦」的時候，老師進去正好看見兒子將一個男孩子壓在身子下面打，老師上前拉開了兒子，兒子還一臉的不服氣。而另一個小男孩因為鼻子被打流血了，不停的哭，周圍的同學也都說是兒子先動手的，所以老師就把兒子叫到了辦公室。

「哎，我看他平時也挺聽話的，怎麼還打起架來了？」老師說著，臉上擺出一副「恨鐵不成鋼」的樣子，似乎對兒子的「懲罰」是為了他好。

「既然兩個孩子都參與了這次事件，那為什麼只讓我兒子一個人在辦公室站著，另一個孩子呢？」我沒有理會老師的話，從當時的局面看來，這樣的「懲罰」對兒子很不公平，我只想為兒子討回「公道」。

老師顯然沒有意識到我會這樣發問，呆呆的盯著我看了足足有三十秒後，說：「那孩子不是受傷了嗎？所以讓他在教室裡休息。」說完，老師看了看我兒子臉上的傷，有些心虛，也不再敢看我的眼睛。

「可是我兒子也受傷了，所以我也先讓他回家休息一下。」說完，不顧老師在後面說了什麼，就帶著兒子走出了學校。

在回去的路上，想到兒子在學校受到的不公平待遇，這遠比兒子淘氣打架更讓我難過。見到我沉默不語，兒子以為我生氣了。試探著叫了聲「媽媽」，在得到我的回應後，兒子又繼續說道：「媽媽，不是我先打他的，是他先偷了我的橡皮擦，我跟他要，他不但不給我，還推我，所以我才……」兒子說到這裡，聲音止住了，又過了一會兒，兒子再次開口說：「不過我也知道錯了，不管怎麼說，打人是不對，他只是推了我一下，我卻把他鼻子打流血了。」

這正是我想說的話，但是兒子卻自己說了出來。那一刻，我忽然覺得兒子長大了，像一個小男子漢般。同時也感謝自己，幸好沒有在孩子最需要我「挺」他的那一刻，放棄他。

當然了，沒有家長會故意去傷害自己的孩子，很多傷害都是在無意中產生的，甚至有時候，這種「傷害」還會被我們冠上「為你好」的美名。如果我們曾不小心傷害過孩子，讓孩子因此而傷心落淚了，請二話不說的立刻向孩子說：「對不起，能原諒我嗎？」就這樣簡單的一句話，就能將孩子心底的傷撫平。

權威不是棍棒，而是愛

我曾在新聞中，看到這樣一些令人觸目驚心的報導：一個四歲的小女孩因為將廚房裡的所有調味料都攪拌在了一起，被親生父親毆打致死。

一個八歲的小男孩，因為不會做數學題目，就被媽媽用皮帶抽打，身上不但布滿了傷痕，還有很多用鋼筆扎出來的傷口。

……

僅僅以為好奇玩調味料就被毆打致死，僅僅因為數學題目不會做就要被皮帶抽打，難道在這些父母眼中，一盒調味料和一道數學題，還不如一個孩子重要嗎？

有句老話是「不打不成才」，認為孩子只有在「棍棒」的教育下，才能成才，所以社會上才衍生出了「虎媽狼爸」一詞。甚至還有人追捧這一做法，在家中準備了藤條和愛的小手，孩子不認真學習或是做錯了事情，都要挨上一頓打。「虎媽狼爸」用這種方式樹立自己的威信，以此達到「約束」孩子的目的。或許，利用這種方式，能夠短暫的令孩子成為我們眼中的「乖孩子」，但是孩子長大以後會快樂嗎？

我有一個朋友，從小挨打無數，以至於她長大以後，經常會向人說起：「我覺得我的媽媽不愛我，我就像撿來的一樣。」天下哪有不愛孩子的母親呢？可惜的是朋友的母親用錯了愛的方式。用棍棒來教育孩子，本就是一種捨本逐末的觀念，簡單而粗暴，基本上等同於用「武力」解決問題，這和野人又有什麼區別呢？要知道，棍棒下絕對開不出鮮花來，更培養不出孩子健康的人格來。這個理論在我一位遠房表弟的身上，得到了完全的印證。

老家有一個表弟，年幼時候的他十分聰明，尤其喜歡研究汽車，年僅三歲就能夠認識所有的汽車品牌，再大一點時，對汽車的性能等更是如數家珍。開始時，他父母很支持他，給他買了各種各樣的玩具模型。但是上學以後，因為表弟依舊沉迷於汽車的研究中，對學校講授的內容不感興趣，導致成績一直不好。為了讓表弟能夠一心放在學習上，表弟的母親用了各種懲罰的方式，罰站、打罵、不准吃飯……有一次，因為表弟只顧著玩汽車不寫作業，他的母親就用針扎了他的每根手指和屁股，並將他的所有汽車模型扔進了熊熊燃燒的火爐內。那一晚，才上二年級的表弟離家出走了。

全家出動找尋未果後，警察將正在發高燒的表弟送了回來。表弟並沒有因此而努力的學習，相反的，學習成績越來越差。儘管上了各種補習班，也請過多名家教，但一直成績平平。為此，表弟的母親十分惱火，只要表弟的學習成績不好，換來的就是頓「竹筍炒肉絲」。漸漸的，表弟不再只是學習成績不好，而且還學會了說謊。明明考試成績公布了，他卻說一直沒有。明明老師出了作業，卻謊稱沒有作業。

就這樣，原本只是一個痴迷於研究小汽車的男孩，成為了一個說謊、翹課、叛逆的問題少年。

家長希望孩子能夠透過感受肉體的疼痛從而達到心靈上的覺醒，而實際上，帶來更多是傷害。這首當其衝的就是肉體上的傷害。孩子不聽話時，家長經常會用「打屁股」來警告孩子，認為屁股上肉多，又沒有什麼神經組織，可以用力打。這是錯誤的認知，孩子的身體組織比較柔軟嬌嫩，當臀部遭到了重力的毆打，極容易造成皮下血管破裂，出現皮下淤血，輕者會引發腎功能異常，重者會出現以急性腎功能衰竭為特徵的繼發性外傷性休克。而這僅僅是生理上的，更加嚴重的是心理上的傷害。經常被父母進行「棍棒教育」的孩子，會壓抑自己內心的真實想法，使自身的情緒無法得到排解，最終導致自卑、膽小、孤獨、撒謊、精神壓抑等不良性格的形成。

有的孩子因為害怕遭受皮肉之苦，犯了錯誤不敢承認，只能選擇欺瞞的方式應對父母。但往往孩子的謊言又經不住父母的推敲，於是換來的是一頓更加嚴厲的懲罰。久而久之，就形成了一個「惡性循環」，漸漸的變得說謊成性。對於一些性格倔強的孩子而言，還會發展出離家出走、翹課等叛逆的行為，以此來跟父母對抗。

暴力，可以讓孩子變得順從，但是卻不能讓孩子變得懂事和聽話，更不會讓他們變得自覺和上進。只會讓他們學會表面上服從，內心卻變得越來越固執、自卑、叛逆，在行為上，他們還會「繼承」這種方式，或是對身邊的人行為粗魯，或是對自己的兒女繼續使用這種「暴君」式的管教方式。暴力教育得到了一時的教育效果，換來的卻是孩子的墮落和消沉，這樣的代價是不是太大了？因此，作為父母，為了孩子的身心健康，我們不應該再用惡毒和刻薄的言語去責備，更不該用無情的拳腳來對付孩子。能夠讓孩子變得更好的，不是別的，而是父母的愛，但絕不是「打是親，罵是愛」裡面的「愛」，而是對孩子的理解和包容。

兒子三歲左右的時候，跟我一起逛大賣場，大賣場裡擺的花花綠綠的飲料引起了他的注意，吵著要喝。我跟他說了那種飲料喝了對他的身體不好，但是他卻完全不聽，最後竟躺在地上邊哭邊喊，頓時引來了很多人的注意。我並沒有呵斥他，也沒有立即拉他起來，而是蹲在旁邊注視著他，就像平時注視著他玩遊戲一般。過了一會兒，他哭累了，聲音減弱。我走了過去，問他：「我們回家吧？」兒子見我又關注他了，又繼續哭鬧起來。我再次像沒事人一般，站了起來，到收銀臺結帳了以後，就若無其事的站在一旁等他。終於，兒子意識到再這樣哭鬧下去也沒有用的，他獨自站了起來，我連忙走到他身邊，拉著他的小手問到：「可以回家了嗎？」兒子抹著眼淚點了點頭。我沒有罵他一句，更沒有打他一下，但是從那以後，兒子再也沒有因為想要得到某種東西就哭鬧不止，因為他知道媽媽說了不能買的東西，哭鬧也沒有用。

教育的目的不正是如此嗎？讓孩子自主的認識到自己的錯誤，而不是屈服於父母的棍棒，卻依舊不知道自己錯在哪裡。

真誠的讚美孩子

讚美，可以鼓勵和激發一個人的潛能，它可以讓孩子更好的完成某件事情。記得我剛剛上學時，對國文並不感興趣，作文也是寫得馬馬虎虎。有一次，老師讓大家寫一篇遊記，恰巧我母親當時剛剛帶著我遊過了故宮，所以那篇作文寫得很用心。第二天，老師在我的作文本上寫了大大的三個字「有進步」，而且還將我的作文讀給了全班同學聽。等母親來接我時，老師又當著母親的面表揚了我。也就是從那一刻起，我的內心突然產生出了對寫作的熱愛，總是期盼著上作文課，並將這種熱愛延續至今。看，這就是讚美的魔力，它就像是一根魔法棒，能夠點石成金。

現在越來越多的媽媽意識到了讚美的重要性，並且也在推崇「好孩子是誇出來」的教育理念，可是誇什麼和怎麼誇卻是一項藝術。

有一個小女孩，用了很長的時間畫了一幅畫，然後拿給自己的媽媽看，她的媽媽看後，對女兒的畫大加讚賞：「寶貝，妳畫得真棒！」聽到這樣的誇獎女孩並沒有表現出高興的神色，而是繼續讓媽媽看，媽媽又看了一遍，又繼續誇道：「媽媽覺得妳畫得棒極了！」小女孩聽完，嘴巴翹得高高的，說了一句：「每次都這樣說，真沒意思。」說完，就拿著自己的畫離開了，留下了一臉震驚的媽媽。難道誇獎孩子也不對嗎？

是的，孩子有時候想要聽到的不是如此「廉價」的讚美，因為從小到大，這樣的讚美聽到的太多了，不管學會了什麼，也不管做了什麼，「太棒了」和「真聰明」這種毫無目的的讚賞幾乎伴隨著孩子的成長，聽得多了，這樣的讚美就不會再讓孩子獲得榮譽感了。人的心理往往是越容易得到的東西，越不會去重視和珍惜。孩子也是如此，不經過努力就能得到的誇獎，對他是起不了任何激勵作用的。小女孩十分用心的畫了一幅畫，她希望媽媽看到她的努力，看到她在圖畫中所表達的思想，但是媽媽的誇獎卻讓孩子感到與以往沒有任何分別，這樣籠統的誇獎，不僅會讓孩子對家長的評價產生懷疑，同時在遇到困難時，孩子還會懷疑自己的能力，甚至害怕失敗，經不起一點挫折。

一個在家總是聽到父母誇自己「你真棒」、「你真聰明」的孩子，當他到了學校發現自己並不是那個最聰明的，也不是那個最棒的，甚至有時候還要被老師批評，被同學嘲笑時，這對他的心裡衝擊可想而知。

一個家長曾對我提起過她的孩子，她像所有的媽媽一樣，不遺餘力的誇獎孩子，直到有一天，孩子哭著對她喊：「你別再說我聰明了，我一點都不聰明，同學們都叫我『笨蛋』！」孩子的話讓這位家長震驚，並且從那以後，孩子開始抗拒學習。難道誇獎孩子還錯了嗎？這位家長百思不得其解。

誇獎孩子沒有錯，但是要真誠的去誇。要去誇獎孩子的努力，不要去誇他聰明，要具體的誇獎孩子，而不是籠統的誇一句「你真棒」。

兒子小時候總是愛和小朋友們搶玩具，搶不過就會嚎啕大哭，每次我都會耐心的勸說他，但是收效甚微。有一次，我帶兒子到一個朋友家做客，不一會兒，兒子又因為玩具的問題跟朋友家的小孩起了爭執。但是這一次，在我的勸說下，兒子終於將手中的玩具讓給了朋友家的孩子，儘管他的態度並不友好，但足以讓我感到驚喜。回到家後，我對家裡的每一個人都誇獎了兒子的行為，明明可以用一句「你真乖」來代替的誇獎，我卻將整個過程都複述了出來，尤其是說到兒子讓出玩具的行為時，我的語氣裡掩飾不住的自豪與欣慰，這一切都被兒子看在眼裡，他知道他的行為得到了媽媽的讚賞。從那以後，雖然兒子還是會和其他小朋友搶玩具，但是只要我一勸說，兒子就會選擇讓出。

這就是具體的誇獎和籠統誇獎的區別，孩子能夠知道自己哪裡做得好，之後他才會繼續將好的方面發揚光大。

還有一次，是兒子的學校舉辦了兒童節的演出，家長們都被邀請參加。兒子在一個話劇中飾演了一棵樹。演出結束後，兒子問我他表演得好不好，我毫不猶豫的回答道：「當然好了。」沒想到兒子又接著問：「哪裡好呢？」這一下，我沒詞了。說實話，誇兒子表演的好，只是我作為媽媽的一種支持，但是真要我說出哪裡好，兒子一直都是筆直的站在舞臺上，我根本看不出來哪裡好，或者哪裡不好。

就在我一籌莫展之際，另一個小女孩也問了媽媽同樣的問題，這個小女孩扮演的角色是一個垃圾桶，還不如兒子這棵樹。我正覺得這個媽媽也遇到了難題時，女孩的媽媽開口了：「當那個小朋友扔垃圾在妳身上的時候，妳躲了一下，媽媽覺得妳這裡演得特別好，媽媽似乎都感覺到了垃圾桶的疼痛。」女孩的媽媽無比真誠的回答。

看著小女孩一臉知足和興奮的表情，我忽然覺得自己很不稱職，這個小女孩的媽媽能夠發現女兒表演中如此細微的動作，而我……就在我深感愧疚之際，我忽然想到兒子曾在舞臺上有晃動的動作，我原本以為是他站累了，或許這也是兒子的表演呢？想到這裡，我試著說道：「媽媽覺得你在演大樹時，晃動的那幾下很自然耶，好像被風吹動了一樣。」兒子聽到我的話，立刻興奮的跳了起來，說道：「媽媽，妳太厲害了，這都被妳發現了。本來老師讓我站著不要動的，可是我想到當大風吹的時候，樹是要晃動的，所以我就晃動了兩下。」說完，兒子得意的笑了。我也重重的鬆了一口氣。

緊接著，我又意識到，兒子能夠想到這種表演方式，一定是他動了腦子才想到的，所以我還應該肯定下他的努力，於是又對他說到：「你能想到這些，一定動了不少腦筋吧？」兒子點點頭，表示沒錯。「媽媽非常高興，你能如此認真的對待一個小角色。並且媽媽相信，如果你一直這樣努力，會演好更多的角色。」

我的肯定與鼓勵給了兒子不小的動力，因為他確實努力了，而他的努力被肯定了，所以從那以後，每當班級有需要表演節目的同學，兒子總是非常積極的參與，並且不管給他什麼樣的角色，他都能抱著十分認真的態度去對待。試想，如果我將當初的誇獎變成「你真聰明」又會產生什麼樣不同的後果呢？

兒子會認為，是他聰明才得到了肯定，而不是因為他的認真與努力，那當他再次碰到這樣的事情時，他會用聰明去代替認真和努力，而一個失去了認真和努力的孩子，他的路又能走多遠呢？

賞識教育的提出者說過：「不是好孩子需要賞識，而是賞識使他們變得越來越好；不是壞孩子需要抱怨，而是抱怨使他們變得越來越壞。」他還說過：「哪怕天下所有人都看不起妳的孩子，做父母的也要眼含熱淚的欣賞他、擁抱他、讚美他。每個孩子的生命都是為了得到父母的賞識而來到人間的。妳的孩子是世界上最好的。」

每一個孩子都有上進心，包括那些缺點、毛病比較多的孩子，以上的話都適用。當孩子由於進步或是做了好事，而受到父母的讚美和鼓勵時，他們會在情緒上得到滿足，在精神上受到激勵，在思想上產生快感，這樣積極的內心體驗就能增強孩子的自信心和自尊心。而自信心、自尊心、上進心的培養是促進孩子健康成長與成才的根本。

信任，孩子才能更獨立

有一次，朋友怡青來我家做客，看見兩歲的兒子一個人在浴室裡洗臉洗手，十分驚訝，轉而用責備的眼光看向我，似乎我不是一個稱職的母親，竟讓這麼小的孩子自己洗手洗臉。而實際上，兒子自己洗漱已經有一段時間了，兩歲的他不但能夠自己洗漱，還會把用過的水倒進清洗拖把的大桶裡，之後還會自己脫衣服，蓋被子睡覺。

怡青得知了這一切後，用不可置信的語氣問我：「妳是怎麼做到的？我兒子上幼稚園大班的時候，還是我每天給他洗漱，穿脫衣服的。」

「不是孩子不會做，而是你沒有給他機會讓他去做。」我笑著說。

「不是我不讓他做，是他根本做不好。」怡青回答。

「那妳給孩子機會嘗試了嗎？」我問怡青，她搖搖頭，「既然連嘗試的機會都沒有給孩子，妳就說孩子做不好，這是不信任自己的孩子呀。連自己的媽媽都不相信自己能夠做好，孩子又怎麼能夠做好呢？」我的話音剛落，兒子手裡拿著小毛巾一邊擦著臉上的水珠，一邊走了出來。怡青捧著兒子的小臉左看看右看看，似乎在檢查兒子有沒有洗乾淨？兒子雖然說話還不算流暢，但已經明白了怡青的意思，有些氣惱的推開怡青的手，又用毛巾在臉上用力的擦了擦，才將毛巾放進我的手裡，然後自顧自的坐到玩具堆裡玩了起來。

想讓孩子做好某件事，首先就要相信孩子能夠做到。為了說服怡青接受我的說法，我跟她講了小時候發生在我身上的一件事情。

那時候我大約七歲，特別愛吃糖。為此我母親特地準備了一個糖罐，但是為了防止我產生蛀牙，所以她嚴格地規定我每天只能吃兩顆，而且在晚上睡覺前兩個小時絕對不能吃糖。但母親沒有想到，她「上有政策」，我便「下有對策」，我經常趁母親不在家的時候偷偷吃糖，而且一吃就是好幾顆。

後來母親發現了糖罐裡的糖急劇減少，便知道了我在偷吃，於是她將糖罐放在了家中最高的櫃子上面。可是這依舊無法阻擋我那顆「貪吃」的心，為了能夠吃到糖，我先是踩上板凳爬上了書桌，然後再站在書桌上將櫃子上的糖罐取下來，吃完後，再小心翼翼的放上去。儘管我做得很隱祕，但是每次糖罐的位置都會有所改變還是引起了母親的懷疑。大概是怕我總是登高取糖危險，而且這種方式也不能很好的抑制我吃糖，所以母親改變了方式。

有一天，她將糖罐拿了下來，放到我面前，我原本以為母親發現我偷糖吃的事情，正準備接受母親的責備時，卻聽見母親真誠向我道歉：「對不起，媽媽明知道妳這麼喜歡吃糖，不但不主動拿給妳吃，還把糖罐放的那麼高。所以，媽媽決定從今天起，讓妳自己拿糖吃。不過媽媽還是不希望妳多吃，多吃糖的壞處已經跟妳講過，所以妳還是每天吃兩塊，好嗎？」說完，母親就將糖罐裡面的糖全部都倒了出來，仔細的數清楚後，對我說：「這裡面現在還有二十顆糖，一天吃兩顆正好夠你吃到月底，到時候媽媽會再買給你。」說完，母親將糖罐放到我手裡，讓我自己找個地方放。

母親的做法讓我有些不知所措，但同時內心也一陣竊喜。在考慮良久後，我決定將糖罐放進自己的臥室。原本是想著想要吃時，比較方便拿。但是當我真的將兩顆糖吃完，伸手去拿第三顆時，母親的話突然迴響在耳邊，母親既然放手讓我自己掌管糖罐，就是她相信我不會偷吃，如果我偷吃了，那母親豈不是會很失望？想到了這裡，那隻已經伸進了糖罐的手，又拿了出來。

接下來幾天，我都等著媽媽去檢查糖罐，以證明我管住了自己，可是媽媽除了打掃衛生外，很少進入我的房間，糖罐更是碰也沒有碰過。但母親越是這樣，我要管住自己的心情就越發強烈。到了月底，媽媽果真又買了一包糖回來，而我的糖罐裡，最後的一顆糖也剛剛吃完。

聽完我的故事，怡青對我母親的做法連連讚賞，聲稱老人家當年做得很有智慧。事實上，我母親並不是一個教育水準很高的人，但是在教育孩子這方面，卻不得不承認，她是一個十分有智慧的母親，僅僅是換了一下方法，就收到了完全不一樣的效果。不但有效遏制了我吃糖的數量，還鍛鍊了我的自控能力，同時也把我弄虛作假的行為扼殺在了搖籃裡。看似母親只是改變了方法，但這背後卻是教育思路的完全改變，家長不再做孩子的監督者和控制者，而是將監督和控制的權利還給孩子自己，然後給予孩子充分的信任。在這個過程中，會激發出孩子自身的自尊感和責任感，就好比在一杯純淨水中，放入一勺糖，自然會變甜一樣。因為對孩子而言，媽媽的信任，就是對自己最大的尊重。每個人都渴望被尊重，這幾乎是每個人的天性，小孩子亦是如此。

怡青當下便決定回去試一試，因為她兒子總要她在一旁監督著，才能將作業寫完，她一旦放鬆，孩子就會找機會偷玩。有時候怕兒子刻意隱瞞家庭作業，她還會特意打電話跟老師詢問。怡青覺得累，孩子也苦不堪言，總覺得媽媽不給他一點自由。然而沒過多長時間，怡青再次坐在了我家客廳裡，從她滿面的愁容看來，她的「教育改革」進行得並不順利。還未等我問起，怡青自己先開口了。

「我覺得這種方法就得針對妳這種有自制力的孩子才行，像我兒子那種沒有自制力的孩子，這種方法行不通。那天回去，我就對兒子說，以後寫作業的時間讓他自己支配，我不再監督了，也不再給老師打電話詢問了，兒子聽到這個還挺高興的，當天玩到了晚上八點才開始寫作業，我一直忍著沒去管他。晚上趁他睡著了，我悄悄檢查了他的作業，寫得亂七八糟的。第二天又是如此，我提醒了他，他還算聽話，連忙拿起作業寫了起來，但沒一會兒就說寫完了。於是我就趁他不注意悄悄給他的老師打了電話，然後又檢查了他的作業，他根本就沒寫完。」

說到這裡，怡青將手裡的水杯狠狠的放在桌子上，顯然那天的氣還沒有完全消除。接著她又說道：「當時我就把正在外面玩的兒子抓了回來，當面質問了他。他倒是誠實，大方的承認了自己確實沒寫完，但同時也強調了他準備玩回來再補上的。可是我當時心裡還是很生氣，又批評了他幾句，誰知道他脾氣更大，反而說我說話不算數，明明讓他自己支配時間，卻又不信任他……」說到這裡，怡青的語氣軟了下來，她也認識到了自己的問題在哪裡？既想激發孩子的自制力和責任感，又不能對孩子完全信任，這樣勢必會導致孩子對家長的言論和做法產生懷疑，同時也讓孩子感受到了不被尊重的恥辱。被尊重是人的天性，而不信任是不尊重的典型表現。

不可否認，怡青所遇到的情況確實存在，但我相信孩子的天性都是好的，自尊是與生俱來的，當一個孩子不信守自己的諾言，如此的沒有自尊，一定有其原因。勢必在他的成長過程中，總是不被家長信任，甚至被當成小偷一樣提防著，這樣一個沒有機會進行自我掌控的孩子，自然也不可能學會自我控制，從而也很難發展出誠信、自尊的品格。

肯定孩子的每一次進步

在一次課堂上，一個叫小傑的男孩子說的一句話，讓我至今仍記憶猶新，他說他從未受到過任何肯定。孩子說這話的時候，孩子的媽媽就坐在一旁，對孩子的話不置可否。這位媽媽確實從來沒有肯定過孩子，她說一來她不會肯定孩子，二來她不想讓孩子因為一點點的進步而驕傲。

後來，這位媽媽對我講起了她小時候的事情。小時候，她很不會寫作文，每次作文媽媽都會批評她。於是她便下定決心要將作文寫好，在她的努力下，她的作文終於得到了老師的表揚，她興沖沖的跑回家，將這個好消息告訴媽媽，她以為媽媽會很高興的肯定她的努力。

結果，媽媽只是面無表情的接過作文本，讀過一遍之後，搖了搖頭，對她說：「寫得還不夠好，語言太平淡了，沒有生動的形容，也沒有好的修辭……」媽媽的話就像一盆冷水，將她好不容易培養起來的學習作文的熱情給澆滅了。

後來，類似的事情，又發生過很多次。比如：她上班後，用第一個月的薪水到大賣場為自己的媽媽精心挑選了一件羊毛衫，拿回家送給媽媽後，媽媽雖然很開心，但是嘴上卻說著：「以後別亂花錢了。」沒有說過一句，關於這件羊毛衫多麼合身，樣子多麼好看，哪怕是肯定一下她的孝心也好。以至於她的母親在多年前患病去世後，在她的記憶裡竟沒有一句母親說過的肯定她的話。

講完自己的故事，這位媽媽忽然意識到，她在不知不覺中也成為了自己的媽媽。也忽然意識到了，她性格上的很多缺陷與之有撇不開的關係。比如：她的工作能力雖然很突出，但是當她成為了管理者後，卻總是無法與下屬打好關係，整個部門裡幾乎沒有一個人說她的好話，儘管她真的是一個盡職盡責全心全意為下屬著想的好上司。

童年的一切，都會成為印記刻在我們的生命中，成為我們性格不可分割的一部分。這個媽媽從小沒有得到過肯定，所以自己成為了媽媽後，也不會去肯定自己的孩子，那麼將來她的孩子也會成為像她一樣的人。

那次課堂結束後，我建議她想要改變，就先從改變對孩子的態度開始。她聽從了我的建議，沒隔多久後，她再次找到了我，喜滋滋的向我分享她最近取得的「成果」。

她的兒子小傑一直在學小提琴，為了能夠督促兒子，每次上課，她都跟著一起上，回了家後，她再陪著小傑一起練琴，幫助小傑指出不足之處。學了大概一年多，小傑對小提琴開始出現了抵觸的情緒。問及原因，就是對拉小提琴沒有信心，每次他拉完一段，母親總要挑一些錯誤出來，有時候他認為自己很用心的拉，而且發揮得還不錯，應該得到母親的肯定時，得到的語言永遠都是「下一段」。這讓小傑備受挫折，漸漸的就衍生出厭煩的情緒了。

那次課堂過後，小傑的媽媽改變了方式。第一天，當小傑拉完一段後，小傑的媽媽習慣性的去聽小傑練習中產生的錯誤，所以當一段拉完後，她竟找不到肯定的理由。於是她只好說道：「不錯，繼續。」沒想到僅僅「不錯」這兩個字，就給了小傑極大的肯定，小傑一口氣將整曲都拉了下來。這一次，小傑的媽媽是由衷的認為兒子進步很大了，以前拉一段都是斷斷續續的，現在竟然拉完整首曲子，而且越來越流暢。

小傑的媽媽很想說兩句肯定孩子的話，但是她卻發現由於自己以前從未肯定過孩子的任何進步，所以那一刻竟然詞窮了。還好她靈機一動，將語言化為了掌聲，這無言的肯定，讓小傑覺得原來拉小提琴也不是那麼無聊的事情，原本已經漸漸熄滅的熱情之火，又漸漸的燃燒了起來。

就算是大人，得到了他人的肯定，也會興奮好一陣子，更不要說孩子了，能夠在自己取得進步時，得到媽媽的肯定，那對孩子而言，就是最好的獎勵。可有家長對我說：「我看不到半點孩子的進步，讓我怎麼去肯定他呢？」

回想孩子小的時候，趴著的時候頭抬得比昨天高那麼一點點，站得時候比昨天穩了那麼一點點，走得時候比昨天又能多走一步，我們都會歡欣鼓舞很久，不停的對孩子給予肯定。為什麼長大後，我們對孩子的要求就要變得苛刻呢？為什麼上次考了八十五分，這次考了八十六分，在我們的眼裡就不再是進步了呢？不是孩子沒有進步，而是我們對孩子的要求變高了，所以看不到了。進步，有時候僅僅是上次做錯了五道題，而這一次錯了四道題；有時候僅僅是將撿到的鉛筆、橡皮擦交給老師；有時候僅僅是主動向鄰居的叔叔阿姨問好。

作為媽媽，我們要善於去發現孩子身上哪怕是一丁點的進步，然後對這些進步作出及時的肯定。孩子能夠從我們這份誠懇的肯定中，感受到媽媽的愛與信任，從而明白自己下一次應該怎麼做，怎麼做才能讓自己再次得到媽媽的肯定。

不在人前責罵孩子

俗話說：「人前教子，人後教夫。」意思是說，教訓孩子的時候當著眾人的面，但是數落丈夫時，卻不能當著眾人的面，並將這句話當做是做母親和做妻子的為人之道。

我想最早提出這句俗語的人，在兒童教育上一定存在著盲點，這個盲點就是認為孩子年齡小，心智不成熟，當眾批評孩子，會讓孩子因此而印象深刻，不再犯錯，而且還不會留下心理陰影。也因此，這句話卻令很多媽媽都陷入了一個教育盲點，那就是在批評孩子時總是愛大吵大叫，而且不分場合。不管是在路邊當著眾多路人，還是在家裡當著眾多客人，只要發現孩子做錯了，常常會馬上做出激烈的反應，大加指責，更有甚者是當場打罵。但實際上，這是錯誤的做法。

正是因為孩子心智尚未成熟，一絲一毫的心理傷害，都會對他們的終身產生不可逆轉的影響。當眾責罵孩子、揭孩子短處，甚至是讓孩子難堪，不但起不到教育孩子的目的，反而會傷害到孩子的自尊，並引起孩子的叛逆心理和敵對心理。

那麼，當孩子在公共場合犯了錯，媽媽們到底要不要當眾指出呢？當然要，但是卻不是打罵，而是跟孩子講事實，講道理，讓他明白自己錯在了哪裡，應該如何改進。

孩子在公共場合做錯了事，有時候是會讓大人感到難堪，但是作為媽媽，我們不能只顧著自己出氣，卻絲毫不顧及孩子的顏面。英國教育家洛克說過：「父母不宣揚子女的過錯，則子女對自己的名譽就越看重，他們覺得自己是有名譽的人，因而更會小心的去維持別人對自己的好評；若是你當眾宣布他們的過失，使其無地自容，他們便會失望，而制裁他們的工具也就沒有了，他們越是覺得自己的名譽已經受了打擊，則他們設法維持別人的好評的心思也就越加淡薄。」

孩子的心靈就猶如剛剛長出的花朵，嬌嫩脆弱，十分容易受到傷害。而我們的職責就是守護著這朵「花朵」，讓他們能夠茁壯成長。因此，當眾批評孩子，絕對不是可取的教育方式。無論何時，尤其是當著眾人的面，我們應該考慮到孩子的感受，即便他們的行為有失偏頗，也應該給孩子留有餘地，讓孩子感受到媽媽的尊重的和理解。

做個說到做到的好媽媽

古代有「曾參殺豬」的故事。故事講的是：一天，曾參的妻子去趕集，他的小兒子哭鬧著要跟著去，曾參的妻子被糾纏得束手無策，便對孩子說：「你聽話留在家裡的話，媽媽回來殺豬給你吃。」孩子被哄住了。曾參妻子從市集上回來時，見曾參正準備殺豬，就上前阻止說：「不過是哄孩子玩的，怎麼真的要殺豬呢？」曾參說：「孩子是不能欺騙的，今天你說話不算數欺騙孩子，就是教孩子說假話。」於是，曾參殺掉正養著的豬，兌現了妻子隨口許下的諾言。

時隔幾個世紀，我的身邊又出現了「朱婷買手機」的故事。朱婷是我剛進入職場時的同事，她從事的是公司後勤部的工作，所以薪資一直處於平均薪資線上。因為她比我年長許多，所以孩子也比我兒子大得多，我兒子上小學的時候，朱婷的兒子已經準備考高中了。

朱婷也想讓兒子考上好高中，有一次，她對兒子說：「只要你能考進前五十名，你提什麼要求，媽都答應你。」原本她只是一句無心的激勵的話語，沒想到卻被兒子當真了，兒子當即表示，如果考進了，就要一部最新的蘋果手機。

那時候蘋果手機的新型號剛剛上市，價格高得令人卻步。兒子的要求也把朱婷嚇了一跳，但是她隨即想到兒子又不見得真的能考好，答應下來又何妨。於是咬著牙答應了。結果她兒子真的就從全市排名一百多，一下子考進了前五十名。拿著兒子的錄取通知書，朱婷在激動高興之餘，也有一些不安。一部蘋果手機，價格相當於她快兩個月的薪水，給一個高中生花這麼多錢買手機，合適嗎？更加重要的是，朱婷有些不捨得，這些錢夠他們一家子人吃喝四個月，還能讓自己買回那件心儀已久的羊毛大衣。

於是，朱婷大大的表揚了兒子一番，為了慶祝還請家中的親戚吃了一頓飯，算是為兒子「慶功」，她希望用這種方式讓兒子忘記曾經她答應給他買手機的承諾。但是她的希望落空了，就在開學的前一個星期，朱婷的兒子問她什麼時候才能兌現承諾，朱婷正想以手機太貴，等降價了再買為由推託時，她的老公卻打開抽屜，將家裡的存摺拿了出來，塞在了兒子的手中，並用眼神制止了正想將存摺奪回的朱婷。

當天，朱婷的兒子就用存摺裡的錢買了一部蘋果最新手機。看著兒子坐在客廳裡興奮的擺弄新手機，朱婷不禁有些生老公的氣，當她說這些給我聽的時候，語氣中仍掩飾不住心中的氣憤，責怪那父子倆太不會過日子了。

「我倒是覺得妳老公做的對。」我笑著對朱婷說，「孩子的誠信教育，遠遠要比那幾萬塊錢重要的多，作為家長，如果我們失信於孩子，又怎麼能教育出誠實守信的孩子呢？」

「有這麼誇張嗎？」朱婷還以為我在嚇唬她。

「當然有了，不然怎麼說言傳身教呢？」為了讓朱婷相信我的觀點，我給她講了發生在我和我兒子之間的一件事。

那時候我兒子大概三歲多，有段時間他對海洋生物特別感興趣，於是我便承諾說要帶他到海洋館參觀。然而，剛答應完兒子，繁重的工作就接踵而來。幾乎每天下班回家，兒子都會問我：「媽媽，我們什麼時候去海洋館？」我每次的答覆都是「等媽媽休息的時候，就帶你去。」然而，等我真的休息的時候，又想好好的睡一覺，於是帶兒子去海洋館的計畫一再拖延。漸漸的，兒子也不再問我，我也樂得清閒，心想：總有一天會帶他去的，只是時間問題。

卻沒有想到，我在兒子的眼中已經變成了不折不扣的「皮諾丘」。一天，我帶著兒子到母親家過週末，我在廚房裡準備午飯，母親帶著兒子在一邊講故事。當時我母親講的故事就是「皮諾丘」，只是故事講完了，兒子卻不買帳，直言姥姥「騙人」，因為說謊的人鼻子是不會變長的，媽媽的鼻子就沒有變長。

當兒子的小手指著我的時候，母親的目光也猶如一道閃電般，凌厲的射在我身上。我一頭霧水。「媽媽什麼時候騙你了？」我問兒子。

「妳說帶我去海洋館，卻一直沒有去。」兒子回答。

我這才恍然大悟，於是立刻為自己辯解。

「那是因為媽媽工作比較忙，等不忙了一定帶你去！」

「妳上次說，我要是不哭了，就給我買糖吃。後來我就不哭了，可是妳也沒有給我買糖吃！」兒子說的事情，我都不記不清什麼時候發生過。但是類似這樣的事情，好像還有很多，兒子滔滔不絕的說了很久。

我曾說這個玩具壞了，再買個新的。但是卻一直沒買。

我曾說天氣暖和了，帶他去郊遊。但是夏天都快要過去了，卻一直沒去。

我曾說只要他乖乖睡覺，媽媽就在夢裡跟他玩耍。但是他睡覺了，媽媽卻沒有到他的夢裡。

……

兒子所列舉的我的種種「罪狀」，有的我依稀記得，但是有的只是當時脫口而出的話語，過後早就忘得一乾二淨了。卻沒有想到，兒子卻記得如此清楚。更加可怕的是，我突然意識到，生活中兒子有時候說話不算數的行為，並不是因為他年齡小自控力差，而是因為我的「言傳身教」。

當我喋喋不休的講完這一切後，朱婷端起杯子，喝了很大一口水，像是壓壓驚般的對我說：「以後，我可不敢隨意對我兒子許承諾了。」

我們從小就給孩子講《木偶奇遇記》、《狼來了》的故事，希望能培養出一個誠實守信的孩子，但是自己卻在有意無意的做著「反面教材」，輕易的許諾，卻又從不兌現，這樣的言傳身教，可是要比故事書更加有感染力。

作為孩子影響最深遠的人，我們在向孩子許諾時，一定要考慮清楚，自己是不是真的打算這樣做？是不是能兌現承諾？承諾一旦許下了，那麼就要當真去做。只有這樣，還能做孩子的「榜樣」，贏得孩子的信任。

不與別的孩子比較

據說，在所有小孩的心中，都有一個永遠打不敗的敵人，這個敵人的名字，就叫做——別人家的孩子。

記得小時候，鄰居家小孩很討厭我，每次看到我，她都會掉頭就走，還讓別的小朋友不要跟我一起玩，開始的時候我很納悶，以為是自己無意中得罪了她。直到有一次，在樓梯間偶遇她和她媽媽，她媽媽一看到我就眉開眼笑，在我甜甜的叫了一聲阿姨後，她媽媽更是樂得合不攏嘴，但是一回頭表情就變了，剛才還笑嘻嘻的臉立刻拉得老長，對她女兒說：「妳看看人家，見了人都知道主動打招呼，再看看妳，跟個啞巴似的。跟妳說了多少遍了，多跟人家一起玩，跟人家學習學習，妳可倒好，一句話也不說！」原本被別人誇獎是件很光榮的事情，但是我卻絲毫開心不起來，因為我從她的眼睛中看到「仇恨」，她眼睛裡的怒火，似乎要把我吞噬，只看一眼，我都嚇得想要逃跑。此時，我才終於明白，她為什麼那麼討厭我。後來很多次我都主動跟她示好，希望她能消除對我的誤解，可是她總是一副拒我於千里之外的樣子，後來她家搬走了，我再也沒有見過她，並且早已經忘記了她的樣子，但是她盯著我看的眼神，我卻至今沒有忘記。

父母在教育孩子的時候，經常會拿鄰居家的孩子、朋友家的孩子，或是孩子的哥哥姐姐弟弟妹妹跟孩子做比較，如「鄰居的小明考了一百分，你看看你才考了九十分」、「你看妹妹多乖，你就知道淘氣」……諸如此類的比較，家長是試圖以這種方式讓孩子認識到錯誤，希望孩子能夠找到學習的榜樣。殊不知，「比較」的方式只會讓孩子喪失信心，產生自卑感，當自卑感在內心膨脹到一定的程度，孩子就會向相反的方向發展，甚至做出極端的行為。

在一次老公朋友號召的家庭聚會中，一共有四個家庭參加。因為當時正值期末考試過後，所以家長們談論的問題圍繞著考試成績展開。

「亭君，妳考了多少分呀？」琪琪媽媽一上來就問。

「國文九十八，數學一百，英語一百。」亭君昂著頭驕傲的說。

琪琪媽媽一聽到，就連忙誇獎道：「哎呦，考得真好！」但緊接著話峰一轉，轉向了自己女兒的身上，「妳看人家亭君怎麼考得那麼好，妳再看看妳的成績！」本來一進門挺高興的小女孩，立刻變得垂頭喪氣。

接著琪琪的媽媽又問了其他兩個孩子的成績，然後每次問完，都不忘與自己的女兒對比一下。可能是心情不佳的緣故，在幫大家倒果汁的時候，琪琪不小心打翻了果汁瓶，站在一旁不知所措。亭君的反應比較快，連忙幫忙遞上餐巾紙，然後還幫琪琪清理身上的果汁。琪琪的媽媽見狀，又立即誇獎道：「亭君真是懂事！」但緊接著後面又加了一句：「妳跟亭君學學，就知道傻站著！」

聲音雖然不大，而且也不嚴厲，但是琪琪的眼中一下子就溢滿了淚水。琪琪媽媽似乎感覺到很沒有面子，訓斥琪琪道：「做錯事還有臉哭呀？」聽到這話的琪琪壞情緒爆發到極點，朝她媽媽叫嚷道：「妳那麼喜歡別人家的孩子，為什麼還要生我？讓別人給妳當孩子不就行了？」說完，琪琪擦著眼淚跑出了房間。

琪琪媽媽的本意是希望孩子能夠向其他孩子學習，從而變得更加優秀。但是不但沒有起到預計的效果，反而令孩子更加反抗。由此可見，「比較」的方式不但不能夠激發孩子的學習動力，讓孩子積極進取，反而還會讓孩子感到痛苦、自卑、委屈、惱火，覺得自己真的「不行」，甚至從心底裡厭惡、討厭家長自己的爸爸媽媽。最終會摧毀孩子的自信，傷害孩子的自尊，讓孩子出現「破罐子破摔」的極端行為。

印度思想大師奧修曾說：「玫瑰就是玫瑰，蓮花就是蓮花，只要去看，不要比較。」我覺得這句話用在孩子的教育上也完全行得通。每一個孩子天生就有差別，能力不同，性格不同，愛好特長也不同，他們分別有自己擅長的領域。我們作為父母不能單一的從一方面去進行比較，而是該想辦法找到孩子的長處，哪怕是在微不足道的小事中，也要讓孩子發現自己的優點，這才是激勵孩子變得更好的重要辦法。就拿琪琪來說吧，她本身具有很多的優點，比如一進門第一個與在場的叔叔阿姨們打招呼，比如脫下來的衣服會整整齊齊放在一邊……如果真的希望孩子能夠吸取別的孩子身上的長處，正確的做法不是和別人去比，而是拿孩子的過去和現在做比較，並且稱讚「改變」後的孩子，讓孩子有信心和勇氣去嘗試新的東西。比如：我們希望孩子能夠多關懷他人，如果發現發現他幫弟弟擦了下口水，我們要立刻表現出對這個行為的肯定，而不是用別人家的孩子作為「榜樣」進行說教。

幫助孩子成長為更好的人是每個家長義不容辭的責任，但是在這之前，我們首先要明白，每個孩子都是不同的，任何兩個孩子之間是沒有可比性的。如果我們希望孩子變得更好，就要靜下心來，多觀察自己孩子身上的優點，然後用「放大鏡」將其變大，

放低姿態，家長也要向孩子道歉

在生活中，我常見到孩子犯錯後，必須向家長道歉，但是當家長犯錯了，卻極少向孩子認錯的事例。為什麼孩子錯了就必須道歉，而父母做錯了卻可以不說「對不起」呢？這對孩子是不是有些不公平呢？傳統家庭觀念認為，父母象徵著家庭的權威，因此為了維護這項權威，即便是做錯了事情，也不會承認，否則就會令自己的「顏面無存」，再也無法建立起威信。

事實上，父母和孩子之間是平等的關係。如果因為我們「好面子」而無法承認自己的錯誤，並且讓孩子承受冤屈，這不僅會給孩子帶來莫大的傷害，也會讓孩子陷入迷茫之中，讓孩子產生一種「媽媽總是出錯，卻永遠都說自己正確」的觀念，時間長了，即便是媽媽做得正確，孩子也會置若罔聞了。想要得到孩子的尊重，並不是極力掩蓋自己的錯誤，而是正面向孩子檢討自己的錯誤。

記得我上小學時，父母為了改善家裡的經濟狀況，選擇做點小生意。他們第一次到批發市場進貨就帶上了我，面對市場的繁華，我感到驚奇不已，任何東西對我而言，都是那麼新鮮，所以一路上眼睛都處於「不夠用」的狀態。為了避免當時正處在

「好動期」的我闖禍，父母一直在叮囑我：「只能看，不能動。」父母的禁令雖然讓我很不開心，但還是乖乖遵守了。

就在父母在市場裡精心挑選的時候，一個人匆匆忙忙的從我身邊跑過，我被撞了一下，巨大的衝擊力讓我的小身體左搖右晃之後，重重的倒在了一個攤位上，放在櫃檯上的陶瓷儲蓄罐，就這樣被我碰掉在了地上。隨著「啪」的一聲脆響，我心裡也跟著裂開了，完了，一定要挨罵了，我低著頭，看著一地的碎陶瓷片，等待著父母批評。果然，不出我所料，聽到聲響的父母立刻走了過來，不問緣由地對我訓斥道：「讓妳只看別動，妳怎麼就不聽話呢？」父母的話雖然不重，但是卻讓我感到十分難過，我本想開口解釋，但是剛一張嘴，眼淚就掉了下來。

父母見我哭了，便沒再說什麼，開始與店主商量索賠事宜。結果那個店主卻說不用賠了，一來一個存錢罐沒有多少錢，二來他眼睜睜的看著我被人撞了，才撞到他的櫃檯，所以他認為我不是故意的。聽到店主這麼說，父母才意識到冤枉了我。

率先對我提出批評的父親馬上走到我的身邊，用手摸了摸我哭花的小臉蛋，誠懇的說道：「女兒，對不起，爸爸媽媽冤枉妳了，我們沒有問清事情的原委，就責罵妳，是爸爸媽媽的不對。」聽到父親的話，我就像是陳年的冤屈得到了洗刷一般，立刻覺得不再委屈了。

店主見狀，「嘖嘖」感嘆道：「妳們還真寵著孩子呀，還要跟孩子道歉。」那語氣就彷彿聽到了天方夜譚一樣。父親連忙解釋說：「不，不是寵，是尊重。大人做錯了事情，也應該向孩子道歉，這是對孩子的尊重。」

在那個年代，父親提出「尊重孩子」的理論，顯然讓周圍的人還無法接受，但是思索了良久後，他們也立刻隨聲附和道：「對，對。」人非聖賢，孰能無過。父母教育孩子的過程也是一個教育自身的過程，尤其媽媽，與孩子相處的時間更多，教育孩子的機會也更多，誰又能保證自己在這個過程中不會出現一丁點錯誤呢？出現錯誤沒什麼，媽媽向孩子道歉也不是一件丟臉的事。只要能夠敢於承認自己的錯誤，並有勇氣改正，就是對孩子最有效的教育與培養，同時也是讓親子關係更加和諧的途徑，更重要的是，當我們能夠在犯錯時，及時向孩子道歉，那麼孩子也能學會用相同的態度去對待他人。

但這裡值得注意的一點是，既然向孩子道歉了，就應該以此為戒，不能夠道過歉後就將錯誤拋諸腦後，再次犯同樣的錯誤，這樣道歉就失去了意義。另外，在道歉時，要明確的將自己的錯誤指出，不能籠統的用一句「對不起」帶過。比如：如果我們在公共場合批評了孩子，就應該對孩子說：「對不起，媽媽不應該在公共場合罵你，忽略你的自尊心。」只有這樣，孩子才能更好的接受我們的道歉。否則，孩子不但難以感受到我們的真心，同時在他自己出現錯誤時，也不知道該如何去發現自己錯在了哪裡。

我們總想在孩子面前做一個十全十美的人，可是世界上哪裡有十全十美的人呢？與其為了掩飾自己的錯誤，不肯低頭向孩子認錯，倒不如坦率的承認自己的不足，放下家長的架子，真誠的給孩子道個歉。當孩子被我們平等的對待，體會到我們的愛時，他們不但不會因為我們犯了錯而輕視我們，反而還會由衷的佩服我們的修養和氣度。

第六章　情緒管理：調節好自己情緒，管理好孩子情緒

接納孩子的缺點，就是接納自己

在我接觸過的眾多家長中，有很多家長給我留下了深刻的印象，這其中有一個家長與其說是我向她傳授育兒經驗，倒不如說是她給我上了深刻的一課，因為是她教會了我接納孩子，就是在接納自己。這個家長叫「熊媽」，她之所以稱自己為「熊媽」是因為她有一個「熊孩子」。

從熊媽的兒子一上幼稚園，她就看出了自己的兒子與其他孩子有什麼不同，別的孩子能夠利落爽快的說出「一加一等於二」，而她兒子卻不停地搖頭，老師提醒他可以數著手指頭算，就算這樣，孩子也沒能算清楚，但好在老師還是接受了她的兒子。

也是在這個時候開始，熊媽開始懷疑自己，是不是自己的教育出了問題，她一直提倡給孩子一個無憂無慮的快樂童年，所以從未對孩子進行過什麼所謂的「早期教育」。而真正讓熊媽感到恐慌的，是孩子進入小學以後，一紙成績單如一把尺般將所有的孩子分為了上中下等，而熊媽的孩子不幸成為了最後一等。他不但學習成績不理想，上課還不注意聽講、家庭作業也不認真完成，這樣一來熊媽從恐慌變成了焦慮，她不願意承認自己的兒子反應比別人慢半拍，於是辭掉了工作，開始了真正意義上的陪讀生涯。兒子學什麼，她就跟著學什麼，學完以後跟著兒子一起做作業。

兒子在這個過程中也有不配合的時候，每次寫作業都要威逼利誘才肯寫，然後就算是抄，也會抄錯；每次做數學題，就像在受刑罰一般難熬，十以內的加減法，兒子都要錯很多題；英語更是一塌糊塗，英文字母都認不全，更不要說能讀出來了。每當這時，熊媽就會想到別人家的孩子是多麼的聰明伶俐，越是這樣想，就覺得自己的兒子不爭氣。為此，熊媽也曾罵過孩子，甚至打過孩子。當她覺得心中的苦悶無處發洩時，也曾在網路上想要尋求安慰，但得到的卻是鋪天蓋地的批評，大家都說她是一個不稱職的母親，有的甚至要求她先吃藥，再教兒子。安慰沒得到，卻得到了更大的打擊，她從一個自以為教育方式有問題的媽媽，變成一個「壞媽媽」，這個打擊幾乎令她崩潰。

這一天，兒子寫作業又寫到了很晚，他想先睡覺，但是卻被熊媽嚴詞拒絕了。兒子不高興了，躺在地上邊哭邊鬧，熊媽也被氣得直流眼淚，那一刻她感覺到兒子已經沒有未來可言了，她累了，她想要放棄。這時，熊媽的老公鼓勵她道：「至少，我們的孩子還學到了一項本領——『逆境商數』，即便成績如此糟糕，但他還是能每天高高興興的去上學，有這樣樂觀的精神，我們還怕什麼呢？」老公的話，就猶如一道光，照進了熊媽的心中，她檢討了自己打罵孩子的行為，同時也接受了自己孩子比別人孩子笨的事實。她告訴自己，孩子的學習能力本身就是參差不齊的，有的甚至是天生的，作為家長千萬不能強求，更不要拿自己的孩子與別人的孩子比，最重要的是要堅信自己是一個好媽媽。

一個人一旦說服了自己，那麼接下來的路就會好走許多。熊媽不再逼著孩子學習，每天晚上九點一到，就算孩子沒有寫完作業，也不會逼著孩子寫了，她會打電話跟老師說明情況，然後再在週末讓兒子將作業補齊。孩子遇到不會算的數學題時，她也不再愁眉苦臉，而是想各種辦法，讓兒子更容易理解題意。每當兒子的考試成績下來後，都是兒子最低落的時候，看著考卷上一個又一個的紅叉叉，熊媽心裡也不是滋味，說不在乎那是騙人的，但是她卻極力讓自己表現出不在乎的樣子，然後一道題一道題的幫兒子解析。在孩子的每一張考卷上，都密密麻麻的寫著解題的思路，以及熊媽鼓勵自己兒子的話語。漸漸的，熊媽感受到了兒子的改變，他學會舉一反三了，他能夠指出媽媽讀錯的英語單字了，他甚至不再穩坐全班倒數第一的「寶座」了。

熊媽的兒子上了六年級以後，儘管成績依舊沒有進入中上等，但是她已經滿足到不能再滿足了，兒子的每一個進步都能夠讓她欣喜若狂。用熊媽自己的話說，就是：「他再笨，也是我的兒子，我沒有理由不愛他。」我很感謝熊媽能夠將她的故事分享給我，她這六年來的心理路程，就像是一本「教科書」，教會我愛是接納，接納孩子的一切，包括他的優點和缺點。

如果我們不願意接納孩子的缺點，那只能離絕望的深淵越來越近，這是一個極其痛苦與煎熬的過程，這會讓我們不斷的否定孩子，否定自己，覺得自己是一個失敗的家長。但是當我們願意接納自己孩子的不足時，其實也就是接納了自己的不完美，這個時候一切轉機就出現了。妳不再認為自己是一個不合格的媽媽，也不再認為孩子身上的不足是天大的事情。妳會成為一個好媽媽，一個懂得愛孩子的好媽媽。

懲罰無度，給孩子造成一輩子的傷害

孩子做錯了事情要不要進行懲罰？這是前段時間在網路上廣為流傳的一個話題，一方為贊成派，正所謂「不打不成材」，另一方是反對派，認為孩子不能懲罰。而我是中間派，認為孩子可以懲罰，但是要有度。

過度懲罰所帶來的更嚴重的後果，是對孩子的心理造成難以磨滅的傷害。

在我剛進入職場時，曾遇到過這樣一個同事，他的專業能力十分厲害，絕對算得上是我們這群「菜鳥」中的佼佼者，但是他的為人卻讓人不敢恭維，因為他常常在別人興致高漲的時候，給別人潑一盆冷水，或者在別人心情特別好的時候說一些刻薄的話。因此，公司裡的同事都討厭他，沒人願意跟他做朋友。

有一次，同事們都走了，公司裡只剩下我們兩人，忽然停電了，他嚇得大叫了一聲，連忙呼喚我的名字，我走到他的身邊，可以清晰的感受到他的顫抖。一個大男人怕黑，多少讓我覺得有些意外。但是出於同事之間的關心，我還是輕輕的拍了拍他的肩膀，對他說：「沒事，別害怕，應該一會兒電就來了。」可能是我的勸說安撫了他的恐懼，漸漸的他似乎不那麼害怕了，但是電還沒來。

「你為什麼怕黑呀？」我問道。但是等了半天，他都沒有回答，就在我不打算聽他的回答時，他卻說話了。

「小時候被媽媽關進過衣櫃裡嗎？」他問我。

「沒……沒有。」我不知道他為什麼會這麼問。

「我被關過，關了整整一天一夜。」

他的回答，讓我身體一顫，不禁的「啊」出了聲。

「因為我拿著我媽的口紅到處亂塗，她一生氣，就把我關進了大衣櫃中，並反鎖了門。我很害怕，不停的敲門，求她打開，但是她都不理我。後來我哭著向她認錯，她也不理我。我以為自己會死在大衣櫃裡。直到第二天她才把我放出來，當時我已經奄奄一息了。而我醒過來後，她第一句話不是安撫我，而是問我『長記性了沒？』從那以後，我就開始怕黑，晚上睡覺不敢關燈，但是她卻從來不允許我開燈，我只能蜷縮在被窩裡，在恐懼中睡著。這應該算是『長記性了吧！』」說完，他笑了兩聲，像是對自己的嘲笑。

就在這時，燈忽然亮了。他迅速抹了抹臉，收拾了東西離開了。可能是心底的傷疤在我面前揭開了，他無法面對我，所以沒過多久就辦理了離職。如果他的媽媽不用那樣過激的手段懲罰他，他應該會成長為一個樂觀開朗的人。他媽媽的怒氣是因此而消散了，但是在孩子心理留下的傷害，卻一輩子也抹不掉了。

過度的懲罰孩子，可能會讓孩子一時間記住當下的教訓，但是卻給孩子的成長留下了更大的隱患，身體的上的創傷或許會痊癒，但心理上的創傷卻要伴隨孩子一生。因為童年時代經歷的每一件事情都會在個人的生命軌跡中留下印記，這些印記會深刻的影響著他的成長。有些家長認為懲罰孩子只是一件「小事」，但在孩子看來，這無異於「狂風暴雨」。

既然不能打罵，不能過度懲罰，那孩子犯了錯誤怎麼辦呢？當然不能聽之任之，但是我們可以用更好的辦法。

有一次，兒子正在寫作業，樓下的雲帆就來找兒子玩。為了能夠早點與雲帆一起出去玩，兒子的生字寫得歪歪扭扭的潦草極了。老師留下書寫生字的作業，目的就是為了孩子們在書寫的過程中，記住這個生字，但兒子這樣做明顯就是在馬虎了事。我當時十分生氣，想將兒子的作業撕掉，然後讓他重新寫一遍。

可是這樣就能讓兒子記住這個教訓嗎？恐怕能夠讓他記住的，只有媽媽的「不通情理」。所以我決定換個方式，我將正準備出門的兒子叫了來，然後當著他的面，擦掉了所有他寫得不標準的字，然後對他說：「媽媽認為你這樣寫字，跟不寫沒有什麼區別，所以，今天就懲罰你不准寫字。」

「明天會被老師罵的！」兒子看著我，一臉驚恐的說。

「那就是你的事情了，既然不想好好寫，那就乾脆不要寫。」說完，我不由分說的將兒子的作業本沒收了。兒子幾次想要要回去重新寫，都被我拒絕了。可想而知第二天兒子會遭遇什麼，但是從那天開始，兒子再也不敢糊弄了事了。因為比起重新寫一篇生字，「不讓他寫」的後果更加嚴重。

我相信每個孩子都不會刻意去犯錯，也相信家長如果不是被氣急了，也絕不會過度懲罰孩子。但是我們要知道當孩子犯了錯誤時，他們內心也會生出內疚感和自責，我們為什麼還要用過度的懲罰來繼續加深孩子內心所受到的傷害呢？愛孩子，首先第一步就是在孩子犯了錯時，管住自己的脾氣，不要打罵孩子，更不要對孩子懲罰無度。

不用負面情緒說話

記得兒子兩歲半左右的時候，我剛換了新的工作，新工作節奏比較快，再加上陌生的工作環境和人際關係，常常讓我感到力不從心。那段時間，似乎任何事情都會引起我的煩躁情緒，比如老公看電視的聲音大了一點，或者兒子玩鬧得過了頭，都會讓我感到心煩意亂，所以我經常說得話就是「煩死了」和「真麻煩」，每當此時，老公就會默默的調小聲音，兒子就會聽話的安靜下來。

過了一段時間，在我家附近開了一家連鎖超市，前三天打折，我便帶著兒子去湊「熱鬧」，一進超市就看見人山人海，就在我的考慮是否要離開時，兒子皺著眉頭喊了一句：「真麻煩！這麼多人。」那語氣，那神態，簡直就是我的翻版，這時，我才意識到，家長無意識的用負面情緒對孩子說話，對孩子的影響有多麼深遠。但可怕的是，很多媽媽卻意識不到自己的情緒，對孩子的影響有多大。

還是在兒子上幼稚園的時候。那天放學後，兒子舉著一隻漂亮的風車跑了出來，一見到我就放到我手裡，說是送給我的。同樣的，也有一個跟兒子一樣年紀的小女生拿著一朵紙折的花跑了出來，滿臉笑容的送給了自己媽媽。但是女孩的媽媽卻看也沒有看，只是催促著女孩趕快上車，說自己還要趕回家做飯。

女孩極力想讓媽媽看一眼自己手中的花朵，所以並未聽話的上車，而是走到了摩托車前，將紙花舉到媽媽的眼前。女孩的媽媽對孩子的不聽話十分生氣，語氣已經由「催促」變成了「呵斥」，「讓妳快點上車，沒聽見呀！做什麼都拖拖拉拉的！」說著，伸手去扯孩子的衣服，卻不料碰倒了車把上的袋子，袋子裡剛買的菜灑落了一地。

這讓女孩的媽媽更加生氣了，立刻跳下車來，伸手在女孩腦袋上戳了一下，並罵道：「妳這個討厭鬼，就跟妳那個死鬼老爸一樣，從來不讓我省心！」女孩在媽媽的「連番轟炸」下，終於忍不住哭了起來。哭聲引起了兒子的注意，「媽媽，我過去看看。」說完，兒子不等我同意，就走到了那對母女面前，他先是拉住了女孩的手，然後對女孩的媽媽說：「阿姨，這朵花是樂樂專門給你摺的，是康乃馨，她說你每天工作很辛苦，她要感謝你。」

聽了兒子的話，女孩媽媽臉上露出不怎麼信任的表情，問女孩道：「真的嗎？」女孩用力的點點頭，同時哭得更大聲了。女孩的媽媽有些後悔剛才那樣對孩子，於是連忙蹲下身子將女兒摟在懷裡，「妳為什麼不早點跟媽媽說呢？」女孩的媽媽柔聲問道。

「我跟妳說了，可是妳沒聽見，一直催著我上車。」女孩委屈的回答。

此時，我也來到了他們身邊，幫女孩的媽媽將掉在地上的菜撿了起來，女孩的媽媽對我報以感激的微笑。我舉起手中的風車，對她說：「看，這也是我兒子送我的，風車。」就這樣，我們兩個媽媽因為孩子的禮物打開了話匣子。

女孩的媽媽告訴我，孩子的爸爸沒有工作，所以她要一個人兼兩份工來維持生計，也因此她每天都很累，也沒有多餘的精力陪孩子玩。從心裡她覺得很對不起孩子，但是在行為上，她又忍不住將自己對生活的不滿發洩在孩子身上。說著說著，女孩的媽媽竟哭了起來。這一哭，竟哭了很長時間，似乎要將她心中所有的委屈都哭出來。

我心中一時感慨萬千。沒有人天生就會做媽媽，也沒有人一開始就能夠做個一百分的媽媽，我們都是在不停的學習中逐漸讓自己變得合格，讓自己成為更好的媽媽。作為一個普通人，我們可以在想發脾氣時就發脾氣，可以在內心痛苦時想哭就哭，但是媽媽這個職業，卻讓普通變得不能普通。一個媽媽，尤其是一個職場媽媽，不但要應付著職場上的競爭與殘酷，還要處理家庭中瑣碎的事情，因此身上的壓力可想而知。而家庭又是一個極容易讓人卸下「偽裝」並釋放真實情感的地方，因此，將生活中的不快發洩到家庭中，甚至是孩子身上，是非常常見的事情。但是這樣的行為對孩子的影響幾乎是毀滅式的。

因為在孩子的成長過程中，情緒的學習能力一直貫穿其中。如果媽媽在生活中向孩子傳達的情緒多為正面情緒，那麼孩子的情緒自控能力和協調能力就能得到適時培養，這將更有利於孩子的性格與人格發展。相反，如果媽媽在生活中的負面情緒較多，經常用一些很消極的語言對待孩子，那麼就會將這種消極潛移默化的傳遞給孩子，導致孩子充滿了不良的情緒，從而影響孩子智力的開發和任何的健全發展。

摒除浮躁，言傳身教讓孩子學會耐心

在網路上有這樣一個影片：

在一個人來人往的廣場上，人們紛紛被一組街頭藝人的表演所吸引了。街頭藝人分別飾演了幾個孩子和一對父母。

孩子們幾次想要與爸爸媽媽們溝通些什麼，卻都被爸爸媽媽無情的打斷了。起初只是不耐煩的揮手讓孩子們離開，後來是大聲呵斥他們，到最後竟做出毆打孩子的動作。

每一個駐足觀看的人們，眼神中都流露出難過的神色，而我看完這個影片後，內心像被什麼堵住了一樣，影片中父母那可怕的表情和孩子害怕的樣子，令我久久喘不過氣來。

因為影片中的那對家長，多麼像生活中的我們呀。

當我們教了很多遍的數學題目，孩子依舊不會的時候，我們是不是就會忍不住對孩子喊道：「你怎麼怎麼笨？」當我們提醒了孩子很多遍，但是孩子依舊不聽的時候，我們是不是就忍不住對孩子喊道：「我都跟你說了多少遍了，你怎麼就是不聽呢？」當我們希望孩子能夠明白我們的苦心，但卻總是事與願違的時候，我們是不是就忍不住對孩子喊道「我再也不管你了！」……

我們這樣責備孩子，到底是孩子越大越不懂事？還是因為這個世界太浮躁，我們就失去了很多的耐心呢？在這個世界上，最該得到自己耐心的人，就是我們的孩子。

有一個母親，當她發現自己兩歲的兒子還不能發音，於是便帶孩子到醫院檢查，卻被告知孩子可能是自閉症。這個消息對一個母親而言，簡直是晴天霹靂。但是她卻沒有因此而放棄，並決定對孩子付出更多的耐心。從那時起，她每天都堅持給孩子講故事，一個個小故事，她反覆的講。每天睡覺前，都要拉著孩子的手，跟孩子說這一天媽媽做了什麼，想了什麼。在她的努力下，孩子終於在五歲那年，叫出了「媽媽」，接著又叫出了「爸爸」，漸漸的，孩子成長為再正常不過的孩子。

這就是耐心所創造的奇蹟。同樣，如果我們能夠學習這位母親的耐心，無論何時在自己煩躁的時候，能夠用心平氣和的心態來對待，那麼在我們的言傳身教下，孩子也會學會耐心。

兒子一年級放寒假時，我帶著兒子回了趟老家，誰知遇上了大雪，火車晚點，當時的候車室裡擠滿了人，連個坐著的地方都沒有。兒子不停的問我：「媽媽，火車什麼時候來呀？」嘈雜的環境，滿身的疲憊，再加上兒子不停的發問，我能感覺到煩躁在自己的體內不停的膨脹，我幾乎要脫口而出：「別問了！我也不知道！」但是當我看到兒子同樣煩躁並帶著恐慌的神情時，深深的吸了一口氣，並在心中勸自己道：「這不是孩子的錯，千萬不要向孩子發脾氣。」當我的情緒漸漸平穩下來時，我蹲下身子，摟過兒子的肩膀，對他說：「寶貝，媽媽也不知道火車什麼時候能來，但是我們現在除了耐心的等待，已經沒有更好的辦法了。你看看，不管是罵人的大人，還是哭泣的孩子，他們同樣只能等在這裡。」

兒子看了看周圍，無不擔憂的問我：「那這多人，等火車來了我們會不會上不了車呢？」

「不會的。」我給他看手中的票，繼續對他說：「我們有票啊，只要有票就能上車。」

兒子看我自信滿滿的樣子，終於放下心來。那天的火車晚點了四個小時，我就和兒子坐在候車室角落的地上，靠猜謎語和講故事度過了這漫長的等待。

後來兒子開學了，有一天我和老公都突然有事，無法到學校接兒子放學，只能委託我母親去，我母親卻在接孩子的路上扭傷了腳。兒子在學校一等就是兩個小時，在這兩個小時的時間裡，兒子寫完了家庭作業，還跟老師聊了天，直到我急急忙忙趕到學校，兒子也沒有流露出一絲「等久了不耐煩」的情緒。老師還笑著跟我說，兒子就像個小大人，居然開導老師說：「著急也沒有用，只能慢慢等。」

我很感謝自己在等火車時，沒有將內心的焦慮和煩躁傳達給兒子，否則兒子就無法學會去控制自己的情緒。其實，在我們的生活中，處處存在著培養孩子情商的素材，只要我們學會控制住自己的情緒，就會對孩子產生積極的影響，讓孩子在成長的過程中體會到更多的愉悅情緒，並能夠以更加積極的心態去學習和處理人際關係，這會讓他的成長之路走得更加順暢。

媽媽要學會控制自己的脾氣

有一個媽媽向我訴苦：「我總是控制不住自己的火氣，看到孩子搗亂不聽話，那火氣就立刻上來了，幾乎控制不住自己要打罵孩子，可是每次打罵過後，心裡又很後悔……」這位媽媽的「苦衷」幾乎存在在每一個媽媽的身上。

我一直不贊同用打罵來教育孩子，但是當孩子犯錯誤、淘氣的時候，我也會不可避免的生氣，尤其是有時候不管自己怎麼說，兒子都完全聽不進去時，真的很難控制自己的脾氣。可是為了做一個「好媽媽」，我只好極力忍耐著，但是這樣的忍耐沒能讓我成為一個「好媽媽」，反而還將我自己憋出了「內傷」，經常因為火氣積壓在心中，導致失眠煩躁，然後隔三差五的就要「爆發」一次。這裡首當其衝受到傷害的，就是我老公。雖然脾氣沒有發洩到兒子身上，但是我與老公之間的爭吵，卻嚴重影響了兒子。有段時間，只要我與老公說話的聲音一大，兒子就會嚇得立刻躲進自己的房間。

可見，靠忍耐去控制火氣，只能令情況更加糟糕。相對於令自己的火氣肆意噴發，適量的忍耐一下，當然很必要，但是如果長期靠忍耐來控制火氣，絕對不是長久之計。因為大多數情況下是忍耐不住的，即便忍耐住了，怒氣也會掛在臉上，孩子一樣感受得到。其實，偶爾發一次火，並沒有大礙，只要在發火之後，能夠跟孩子真誠的道歉，孩子就能夠原諒我們。如果是經常性的發火，那即便是道歉也沒用了。對於孩子而言，如果有一個經常處在憤怒情緒中的媽媽，孩子則會缺乏安全感，遇到困難時很容易選擇放棄。

因此，我們要學會的，不是忍耐，而是控制自己的情緒。

首先，我們需要明白一點，讓我們產生怒火的不是孩子本身，而是我們的執著和對孩子行為的不理解。很多時候，我們生氣，並不是孩子做得不夠好，而是因為孩子所做的沒有達到我們的要求。兒子剛剛上小學時，每天早晨起床後，總是拖拖拉拉的，洗臉刷牙都要花上好一陣子，有時候光是看著牙膏筒上的圖案，都能研究半天。我時常是一邊看著時鐘，一邊吼兒子「快點！」可越是這樣，兒子就越是不知道自己該怎麼辦，只能茫然的站在浴室裡。「妳嫌他慢，幫他做不就行了嗎？」在我又一次催促兒子時，老公不滿的提示我。

「這明明是他自己的事情，就應該他自己做。」我不服氣的回應道。

「那既然是他自己的事情，妳為什麼還要催他呢？他自己想怎麼做就怎麼做。」

老公一語中的，我立即意識到，我是以我的標準在要求孩子，孩子達不到，我就會著急生氣。認識到這一點之後，我不再執著於讓孩子達到我的標準。很快我就發現，這樣做以後，那些莫名奇妙的怒氣竟然少了一大半。當孩子寫作業慢時，我不再生氣了；當孩子早晨賴床時，我也不再生氣了……久而久之，我竟驚喜的發現，不單單是對孩子，對任何事情，只要放下自己的執念，都能夠做到心平氣和的去對待。與此同時，我又發現了，當我們不再火冒三丈時，會發現曾經我們以為孩子那些無理取鬧、不可理喻的行為，其實並沒有什麼。比如：我曾經會因為兒子玩完玩具不收拾而生氣，認為自己的東西就應該收拾好。可是當我改變了自己的認知後，我的理解就變成了，玩具並非每次玩完都要收拾好。

而自己這樣改變了之後，我發現以前兒子那些讓我不能理解的行為背後，都有孩子自己的原因。就拿不收拾玩具來說吧，他沒有將玩具收拾起來，是因為他第二天還想在這個基礎上繼續玩。在大人眼中，那只是些擺放的亂七八糟的玩具，但是在孩子的眼中，那些是他辛苦建造起來的「世界」，所以他們才不願意收拾起來。

當我們能夠不以自己的標準去要求孩子，並充分理解孩子行為背後的原因時，我們離一個能夠控制自己情緒的好媽媽就不遠了。雖然這個過程中，需要我們不斷的去反省自己的行為，但是這絕對是值得的。俗語說：「龍生龍，鳳生鳳，老鼠的孩子會打洞。」這其中雖然也有一部分遺傳的基因因素，但更多的是孩子對大人的模仿。每個孩子的身上都會有父母的影子，父母的語言、行為、情緒都在不知不覺中影響著孩子。不要以為我們隱忍不發孩子就感覺不到，恰恰相反，媽媽的每一個細微的情緒變化，孩子都能夠敏銳的感受到，這一點是孩子在母親腹中練就的「本領」。

當我們能夠平和下來，面對一個淘氣的孩子不再表現出抓狂的樣子時，我們就會發現，曾經那個總是闖禍搗亂的孩子，不知道什麼時候也變成了乖孩子。

拒絕對孩子使用冷暴力

有時候，孩子在情緒激烈時，可能會對家長的話置若罔聞，當我們對孩子感到「無能為力」時，可以暫時不去理睬孩子的行為，給他們一段時間，讓他們的情緒平復下來，再進行處理，或是當孩子表現出認錯的行為時，立刻以微笑面對。這種方式叫做「冷處理」，但是當孩子的情緒已經平靜下來時，父母仍對孩子不理不睬，那就不再是「冷處理」，而是「冷暴力」了。就是用不理睬的方式逼迫孩子同意我們的要求，或者讓孩子因此戰戰兢兢，印象深刻，有時候即使孩子已經平靜了，家長也會繼續表現出冷漠的態度，以示對孩子的懲罰。

在一檔親子節目中，一個小男孩給我留下了深刻的印象，那個時時刻刻在小朋友面前充當大哥哥的小男孩，當旁人問他「爸爸愛你嗎？」時，他不太自信的回答：「有時候會愛吧！」旁人詫異：「有時候愛你？」小男孩假裝瀟脫的回答說：「不理我就是不愛我吧！」

一句話，引出了不少人的辛酸。這是一個孩子的真實感受，對於孩子而言，不愛他最基本的表現，就是不理不睬。這也是很多家長用來「對付」孩子的手段，有時候這種「冷暴力」比打罵更加可怕，打罵至少說明家長還在關注自己，而不理不睬則徹底將自己置於不被關懷的境地之中，時刻處於「媽媽不愛我了」的恐慌之中。

我有一個表姐，從小別人問她「愛爸爸還是愛媽媽」時，她的回答永遠都是「愛爸爸」，原因就是她認為媽媽不愛她，這一點直到她成年後也沒有改變。究其原因，就在於在她的成長過程中，母親給予她的冷暴力。記得我很小的時候，表姐的母親向我母親傳授育兒心得：「孩子不能打，萬一打壞了，後悔一輩子。不聽話，就不理他，冷落他兩三天，保證乖乖的。」說完，表姐的媽媽就舉了她的「成功案例」。

「有一次，小瑛（表姐的小名）上學忘了拿書，我念她幾句她還頂撞我，我一氣之下一個星期沒理她。每天早晨就把零用錢往餐桌上一放，有什麼需要說明的事情，我就給她寫紙條。一個星期以後，我才照常跟她說話，果真從那以後，她再也沒有忘記拿書，而且在我罵她的時候不敢再頂撞我了。」

望著表姐母親一臉自豪的表情，當時並沒有什麼育兒經驗的母親信以為真，當天就因為我淘氣而板起臉不理我，儘管我向她承認了錯誤，母親從心裡也原諒了我，但是為了教訓我，便硬是擺出一副不理睬我的樣子。

那天晚上，我睡著睡著覺就哭了起來，並且邊哭邊說道：「媽媽，別走……」

當時睡眼矇矓的媽媽因為這句話立即就清醒了，她後悔自己聽信了表姐母親的「經驗」。第二天，母親真誠的向我道了歉，並且從那以後，再也沒有用「不理睬」懲罰過我。

再來看我的表姐，長大成人後開始有了自己的思想，每當她的看法與母親產生分歧時，從來不會為自己辯解，直接就是閉口不言，於是母女倆就陷入「冷戰」之中，這讓同在一個屋簷下的表姐父親苦不堪言，直言自己的家有時候就像「冰窖」。到了談婚論嫁的年齡後，表姐帶回家一個對象，但是表姐的母親卻怎麼看都不順眼，死活不同意表姐的戀情。表姐雖然很聽話的遵從了母親的意願，但是從那以後，長達一年沒有跟母親說過一句話，關係最緊張的時候，甚至不願意跟母親坐在一張飯桌上吃飯。表姐的母親一開始還能沉得住氣，但是當她發現如果她不開口說話，表姐大有一副永遠不打算理她的趨勢，這開始讓表姐的母親感到害怕，同時也意識到了自己曾經的「冷暴力」如今遭到了「報應」。

表姐曾對我說過，每當她母親不理睬她時，她都感覺十分痛苦，甚至想過一死了之。因為母親的影響，當她與朋友之間有了矛盾後，也會不自覺的採用冷暴力對待對方，直到朋友主動跟她認錯，那時她心中才有一種「報復」了的快感。

這是多麼可怕的後果。心理學家認為，在家庭教育中，長期遭受冷漠的孩子容易產生孤僻性格，不願和別人交流溝通，心理不能健康的發展，孩子也會在潛移默化中變得很冷漠，對他人也是漠不關心，甚至有可能成為冷暴力這個「接力棒」的傳遞者，尤其是他們在處理自己家庭問題時也可能出現障礙。

「冷處理」只是我們在逼不得已時採用的手段，而「冷暴力」卻是有意而為之的傷害。「冷處理」過了頭，就是「冷暴力」。

給孩子一個理解你的機會

人與人之間最重要的就是理解和溝通，父母和孩子之間更是如此。當我們因為孩子的「不懂事」而憤怒時，不妨想一想，是孩子真的「不懂事」，還是我們與孩子之間缺乏理解呢？

我母親有一個相識了多年的老友，那位劉阿姨經常來探望我的母親，而每次來她所談論的話題，都離不開他那個「不孝」的兒子。比如：從未給她做過一頓飯；每天辛苦帶孫女，兒子卻還總嫌她帶的不夠好……

也因此，劉阿姨的兒子在我眼裡一直都是一位「不孝子」。直到有一年過年，母親身體不便，要我代她去給自己的老朋友拜年，我才發現事實並非如此。我去的那天，正好趕上劉阿姨腰疾犯了，走路都要扶著腰。見到有客人來了，劉阿姨的兒子連忙從房間出來，準備給我沏茶倒水，但是卻被劉阿姨制止了，「你去休息，我來吧！」說完，又看著我解釋道：「我兒子昨天晚上加了一晚上班，你來之前他才剛回到家，讓他歇會兒吧！」聽到劉阿姨的話，劉阿姨的兒子還真的就坐在沙發上一動不動了，任由自己的母親一手扶著腰走向飲水機。

「阿姨，您腰痛呢，就別忙了。」我有些看不下去，說到「腰痛」兩個字時，刻意加重了語氣。

「媽，您腰痛了？」劉阿姨的兒子這才從沙發上坐了起來，連忙接過母親手中的杯子，接著又帶些埋怨的說：「您怎麼不跟我說呢？」

面對兒子的質問，劉阿姨笑了笑說：「不是看你最近工作忙嗎？不想耽誤你工作。再說了，媽這是老毛病了，跟你說了也沒用。」

那時，我才忽然發現，劉阿姨的兒子不是不孝，而是他不知道如何去「孝」，他的母親沒有教會他該如何理解父母，或者說「阻止」了他去理解父母。所以也就出現了一系列的「不孝」行為，因為不理解母親每天也很累，所以從來不主動做家務；因為不理解母親身體不好，所以才會埋怨母親沒有將孩子帶好。

著名主持人徐熙經常會在網路上爆料一些她的育兒經，這其中令我印象最深的一條就是她如何讓孩子學著去理解她。比如，當她拖著疲憊的身體回家準備休息時，她的女兒卻要求她陪自己玩時，她會鄭重其事的告訴女兒：「媽媽現在很累，如果不讓媽媽睡覺，媽媽就會死。妳想讓媽媽死嗎？」孩子當然不願意讓媽媽死，所以她們不再打擾媽媽的休息，同時她們也理解了媽媽也會累，也會需要休息，如果打擾了媽媽的休息，就會導致嚴重的後果。又比如：當她心情很煩躁的時候，她會擺著臭臉對孩子說：「媽媽現在很煩躁，所以請妳們到別處去。」

媽媽也是一個普通人，所以很難成為最完美的媽媽。實際上，我們根本不必苛求自己成為一個完美的媽媽，即便內心已經被孩子氣得怒火攻心了，還要假裝自己沒有生氣，和顏悅色的叫孩子「乖寶貝」，即便自己已經累得倒頭就能睡著了，還要努力讓自己情緒高漲的給孩子講故事，陪孩子做遊戲。長此以往，在還沒有成為最好的媽媽之前，就已經成了最累的媽媽了，隨之而來的，就是情緒的爆發，只要孩子沒有按照自己的意圖去做，就是「不懂事」的表現，抱怨甚至是指責孩子不理解自己。問題是，妳給孩子理解你的機會了嗎？不要期望著我們壓抑著自己，刻意去「討好」孩子，就能培養出一個懂得感恩，懂得回報的孩子，恰恰相反，這樣只會培養出一個自私、不懂得理解他人的孩子。

愛的方式，不僅僅是媽媽給孩子的愛，還包括讓孩子懂得如何愛自己，而這份愛的前提就是，孩子能夠理解父母，這種理解的能力，又被稱之為「同理心」。一個具有同理心的孩子，能夠尊重自己的需求，同時也能敏銳的感受到別人的需求。在理解了別人的需求後，他們能夠自覺的控制住自己的需求和天生的貪婪，從而照顧別人的需求。這種理解會滲透到他與親人、朋友，以及今後伴侶的關係中，甚至是寵物或是其他需要同情的對象中。我們不要指望隨著孩子年齡的增長，他們就會漸漸懂得如何理解父母，孩子的理解，需要我們為他們打開一條「理解的通道」。

有一段時間，因為公司總是加班，我每天回家都很晚，人又累又睏自然不必說。要命的是回到家後還不能馬上休息，還得抽出一些時間陪兒子玩，以此彌補自己一整天都沒有陪在他身邊。有一天，再次加班到很晚回家後，兒子還在看電視，我心裡便莫名升起一股火。

「給媽媽倒點水來。」我沒有像往常一樣，一進門就收起所有的疲憊，笑著去擁抱兒子。而是整個人攤在沙發上，有氣無力的命令兒子。

「……」

等待我的，卻是無聲的回答，當然，也沒有水。

「給媽媽倒杯水！」我的聲音驟然提高了八度，整個人也從沙發上坐了起來，就像是一頭準備進攻獵物的獅子般。

兒子顯然被我嚇了一跳，有些不滿，「我正看電視呢，妳自己倒吧。」

兒子的話讓原本情緒就不佳的我，瞬間火冒三丈，我拿起茶几上的遙控器，用力按了關機鍵，然後指著兒子呵斥道：「我讓你給媽媽倒杯水，你為什麼不倒？你怎麼這麼不懂事呢？」

兒子沒有料到他一句話帶來這樣的後果，望著我，癟了癟嘴，「哇——」的一聲，哭了起來。看著兒子哭，我的心裡更想哭，委屈就像是洪水般，快要將我淹沒了。為什麼我每天那麼累，還要伺候他吃喝穿衣，而他就不能反過來照顧我呢？難道養孩子都要這樣嗎？什麼時候才是個頭呢？

這時，老公從書房裡走了出來，在我的肩膀上拍了拍，以示安慰。然後抱起了兒子，走進了臥室，兩個人不知道在臥室裡聊了些什麼。過了一會兒，臥室的門開了，兒子的臉上還掛著淚痕，但卻不再哭泣了。他走到餐桌前，給我倒了一杯水後，拿到了我面前，低著頭說：「媽媽，對不起，我不知道妳下了班很累，所以拒絕了妳。」

兒子的話點醒了我，是呀，我從來沒有跟孩子說過自己很累，又憑什麼要求孩子能夠理解我呢？這件事情中，錯的不是兒子，而是我呀！我接過兒子手中的水杯，將裡面的水一飲而盡，然後看著兒子說：「這件事情，媽媽也有錯，媽媽應該先告訴你，媽媽很累，然後再請你幫我倒杯水。如果是這樣，你一定不會拒絕媽媽的，對嗎？」

兒子重重的點了點頭。

有時候，並不是孩子真的不懂事，而是他們根本沒有理解父母，這時候對孩子劈頭蓋臉的責罵只會讓孩子感到委屈、難過和彷徨，並不能解決實際的問題。同樣，在孩子不聽話的時候也是如此。因此，我們要將自己內心的想法講給孩子聽，讓孩子學會理解父母。

憤怒容易錯怪孩子

在妳憤怒的時候，不管孩子做了什麼，千萬不要將怒火都發洩在孩子的身上，先讓自己冷靜下來，問一問孩子，可能事情並不如我們想像般糟糕。但如果你沒有控制自己的情緒，將孩子的過錯作為自己情緒的發洩口，很可能你接下來要面對的，就是無休無止的內疚。

在每個人的人生中，都有那麼一段十分晦暗的日子，我也不例外。兒子剛上小學那年，我的父親因為車禍住進了醫院，母親因為著急也跟著進了醫院，而我老公當時正處於事業的關鍵期，人在外地出差，小叔的孩子剛剛出生，公公婆婆都在全身心的照料剛剛出生的小嬰兒，我一個人要帶孩子，還要到醫院照顧住院的爸爸媽媽，幾乎每天都處在崩潰的邊緣，恨不得自己能夠長出三頭六臂來。那時候每天所期待的事情，就是希望正處在「連狗都嫌煩」的時期的兒子，不要給我惹事，能夠照顧好他自己。

然而，兒子偏偏就在這個節骨眼上犯了「錯」，那天原本做得好好的看護，突然提出辭職不幹了，因為有另一家出了更高的價錢，我氣急敗壞的不顧個人形象在醫院裡大吵大鬧時，接到了兒子班導打來的電話，兒子下午竟然沒有去學校！而且，也遲遲沒有繳班費。我當時的第一反映是獨自去學校的兒子被人口販子拐跑了，於是也顧不得跟醫院理論，簡單的跟護士交代了幾句，就立刻來到了學校。

然而，兒子依舊沒有去上學。我只好又返回家中，卻看到兒子坐在電腦桌前，眼睛盯著螢幕，就連我進來都沒有發覺。看到兒子沒有丟，我鬆了一口氣，但隨即我想到自己每天這麼疲憊的穿梭在醫院、學校和家三點之間，想到自己為了照顧他，不能時時刻刻陪在住院的父母身邊，想到自己即便是每天累得坐著都能睡著，還依舊不忘給他準備好可口的飯菜和乾淨的衣物，而他卻是用翹課來「回報」我時，委屈、憤怒就猶如潮水一般，迅速將我吞沒。

我三步併作兩步的衝到電腦桌前，奪過兒子手中的滑鼠，重重的摔在了地上，然後將兒子從椅子上拎了起來，用力向一邊甩去。兒子對我的「突然襲擊」完全沒有防備，被我重重的扔在了地上，頭撞到了書架上，發出很大的撞擊聲。而當時的我因為憤怒，卻絲毫沒有感到心疼。我惡狠狠的怒視著兒子，問：「你今天下午為什麼沒有去上學？」

兒子邊哭邊回答：「在家上網。」

「我給你的班費呢？你為什麼沒有交給老師？」我又問。

「花了。」

我氣得渾身顫抖，用手指著兒子，讓他「滾」，說我再也不想看到他。兒子默默的爬起來，用手抹著眼淚走出了書房。當聽到大門被關上的聲音時，我整個人虛脫般跌坐在地上，眼淚就像關不住的水龍頭般湧了出來。也不知道自己哭了多久，竟靠在床邊睡著了。等我醒來時，天已經黑了，屋子裡漆黑一片，只有電腦的螢幕還發出微弱的光芒。我撐起身子。僵硬的走到電腦桌前，準備關掉電腦的那一刻，我看到螢幕上顯示著生日蛋糕的做法，這就是剛才兒子在瀏覽的網頁。難道他翹課就是為了學做生日蛋糕，一個大大的問號在我頭腦中盤旋，忽然，我像被閃電擊中了般，是我的生日！兒子學習做生日蛋糕是因為我。

我錯怪了孩子，可當我打開孩子的房門準備向他道歉時，才發現兒子已經被我趕出家門了。這麼晚了，孩子還沒有回來，萬一遭遇什麼不測……我不敢再想下去，連忙出門尋找兒子。就在我換鞋的時候，看到鞋櫃上放著一個嶄新的皮包，一看就十分廉價，而且也不是我喜歡的風格。我百思不得其解的將皮包打開，裡面掉出一張紙條「媽媽，這段時間妳辛苦了。祝妳生日快樂！」看著兒子稚嫩的字體，我再也控制不住自己的眼淚，鞋子也來不及換，就衝了出去。

還沒走出社區，就聽見有兩個走過來的人在議論：「也不知道是誰家的孩子，天都這麼冷了，睡在長椅上，這該要凍感冒了呀！」她們說的就是我的兒子，我在小花園的長椅上找到兒子的時候，他已經睡著了，臉上還掛著淚珠。想必他已經很累了，我摸著他的頭，他都沒有醒。當我摸到兒子後腦勺上鼓起的腫包時，心疼的哭出了聲音。兒子被我的哭聲驚醒了，看著眼前哭得一把鼻涕一把淚的我，兒子的第一反應竟然是替我擦眼淚。

「對不起，寶貝，媽媽錯怪了你……」我哽咽的說，然後拿起他的小手，向自己的身上邊打，邊繼續說：「媽媽不好，你打媽媽吧！」

但是兒子卻死死的控制著自己的力氣，說什麼也不肯打我一下。嘴裡反覆說著：「媽媽，我不怪妳，妳別不要我。」

那一天晚上，我破例抱著早已經分房睡的兒子進入了夢鄉，一晚上都沒有撒手。除了這樣，我不知道怎樣能夠減輕自己心中的自責和內疚。

所有孩子的天性都是純潔美好的，即便他們犯了錯誤，也多半是事出有因，而不是本性的問題。作為孩子最信賴的人，父母施加在孩子身上的委屈，會讓他們無從選擇和宣洩，從而積壓在心中，自我消化。對於沒有任何生活經驗的孩子而言，這時候非常容易走進心裡的死胡同。我很慶幸，自己當初在關電腦時，及時發現了兒子的初衷，並且做出了補救。如果任由孩子的委屈存在下去，恐怕今天的我就是一個問題少年的母親。

所以，在這裡我懇請所有的媽媽千萬不要在自己憤怒的時候，輕易對孩子的行為下結論，一定要給孩子一次解釋的機會。或許妳會發現，哪怕是多看一眼，多問一句，喜悅都能讓妳從絕望或是憤怒中解脫出來。

電子書購買

國家圖書館出版品預行編目資料

媽媽俯下身，走進孩子的世界：過濾原生家庭的教養複製，別成為你討厭的那種父母 / 王冰著. -- 第一版. -- 臺北市：崧燁文化事業有限公司, 2021.12
面； 公分
POD 版
ISBN 978-986-516-911-4(平裝)
1. 親職教育 2. 育兒
528.2 110018257

媽媽俯下身，走進孩子的世界：過濾原生家庭的教養複製，別成為你討厭的那種父母

臉書

作　　者：王冰
發 行 人：黃振庭
出 版 者：崧燁文化事業有限公司
發 行 者：崧燁文化事業有限公司

E-mail：sonbookservice@gmail.com
粉 絲 頁：https://www.facebook.com/sonbookss/
網　　址：https://sonbook.net/
地　　址：台北市中正區重慶南路一段六十一號八樓 815 室
Rm. 815, 8F., No.61, Sec. 1, Chongqing S. Rd., Zhongzheng Dist., Taipei City 100, Taiwan (R.O.C)
電　　話：(02)2370-3310　　傳　　真：(02) 2388-1990

印　　刷：京峯彩色印刷有限公司（京峰數位）

定　　價：350 元
發行日期：2021 年 12 月第一版
◎本書以 POD 印製